跨国并购后的整合：
有效规划的案例

Post M&A
Integration: Planning for Success

［加拿大］包铭心（Paul W. Beamish） 阎海峰
［加拿大］瓦妮莎·C.哈斯（Vanessa C. Hasse）
杨小华（Xiaohua Yang） 王亮（Liang Wang）◎主编

图书在版编目(CIP)数据

跨国并购后的整合：有效规划的案例/(加)包铭心等主编.—北京：北京大学出版社,2023.9

ISBN 978-7-301-34171-1

Ⅰ.①跨… Ⅱ.①包… Ⅲ.①企业兼并—跨国兼并—研究—中国 Ⅳ.①F279.247

中国国家版本馆 CIP 数据核字(2023)第 122443 号

书　　名	跨国并购后的整合：有效规划的案例 KUAGUO BINGGOU HOU DE ZHENGHE: YOUXIAO GUIHUA DE ANLI
著作责任者	〔加拿大〕包铭心(Paul W. Beamish)　阎海峰 〔加拿大〕瓦妮莎·C.哈斯(Vanessa C. Hasse) 杨小华(Xiaohua Yang)　王亮(Liang Wang)　主编
责任编辑	余秋亦　任京雪
标准书号	ISBN 978-7-301-34171-1
出版发行	北京大学出版社
地　　址	北京市海淀区成府路 205 号　100871
网　　址	http://www.pup.cn
微信公众号	北京大学经管书苑(pupembook)
电子邮箱	编辑部 em@pup.cn　　总编室 zpup@pup.cn
电　　话	邮购部 010-62752015　　发行部 010-62750672 编辑部 010-62752926
印 刷 者	三河市北燕印装有限公司
经 销 者	新华书店
	720 毫米×1020 毫米　16 开本　11.25 印张　151 千字 2023 年 9 月第 1 版　2023 年 9 月第 1 次印刷
定　　价	52.00 元

未经许可，不得以任何方式复制或抄袭本书之部分或全部内容。
版权所有，侵权必究
举报电话：010-62752024　电子邮箱：fd@pup.cn
图书如有印装质量问题，请与出版部联系，电话：010-62756370

主编简介

包铭心（Paul W. Beamish），国际商务研究领域世界著名学者，加拿大韦仕敦大学毅伟商学院教授。独立或与他人合作撰写专著60部、发表期刊论文141篇，曾连续多次被评选为对国际战略管理学及国际商务学做出突出贡献的三位顶级学者之一。谷歌学术论文被引量已超过37 000次。1993—1997年曾担任《国际商务研究》(Journal of International Business Studies) 主编。现任加拿大皇家学会院士及加拿大亚太基金会院士，并曾任国际商务学会院士学院院长。2018年荣获第40届加中贸易理事会（Canada-China Business Council）卓越成就奖。包铭心教授撰写过148个案例，曾22次获得最佳案例编写奖，有80多个案例曾被翻译为非英语语种。2012年，他被美国管理学会授予国际管理杰出教育家奖。作为毅伟商学院亚洲管理研究院的主任，他通过教育培训推进了案例方法在中国的发展。包铭心教授曾担任韦仕敦大学毅伟出版社执行主编，现为编辑主任。1999—2004年，他还担任毅伟商学院分管学术研究的副院长，现为毅伟国际商业研究院主任。

阎海峰，华东理工大学副校长，商学院教授、博士生导师，美国印第安纳大学凯利商学院、澳大利亚墨尔本大学商学院、悉尼大学商学院访问学者，美国管理学会会员、国际商务学会会员、中国管理研究国际学会（International Association for Chinese Management Research, IACMR）创始会员。目前，他还兼任临港—华东理工大学自贸区创新研究院院长，此前曾担任华东理工大学商学院院长。他的主要研究兴趣集中在中国企业国际化、组织学习与知识转移方面。他曾在《组织管理研究》(Management and Organization Review)，《亚太管理期刊》(Asia-Pacific Journal of Management)，《知识管理期刊》(Journal of Knowledge Management)，以及《管理世界》《科研管理》《南开管理评论》等多种国内外高水平期刊上发表研究成果。在教学和研究之余，阎海峰教授也致力于促进国际商务领域的经典文献在中国的传播，他曾与多个合作者在北京大学出版社出版《〈国际商务研究〉优秀论文集萃：国际化情境下的组织管理研究》，翻译出版《自下而上的变革：中国的市场化转型》《全球企业战略（第3版）》。此外，他与陈万思教授、陈正一博士撰写的案例曾入选"全国百篇优秀管理案例"。

瓦妮莎·C.哈斯（Vanessa C. Hasse），加拿大韦仕敦大学毅伟商学院国际商务系助理教授。在加入毅伟商学院之前，她曾在美国旧金山大学担任助理教授，并参与了亚太创新与管理研究中心的研究项目。曾在《美国管理学会学报》（Academy of Management Journal）等刊物上发表文章，还针对中国、德国、美国、瑞士撰写了国际战略管理领域的一些案例。曾获得美国管理学会和国际商务学会的研究奖和提名奖，其中包括2017年东北大学D'Amore-McKim商学院的最佳论文奖。她主要在国际商务、国际合资企业和战略联盟、全球战略和国际谈判等学科领域教授本科和研究生课程。

杨小华（Xiaohua Yang），美国旧金山大学商学院国际工商管理终身教授，旧金山大学亚太创新与管理研究中心主任。专注于研究中国企业国际化、企业持续发展战略、国际研发战略联盟和国外市场进入战略，并在国际刊物上发表过大量文章。曾获得多项荣誉，包括最佳论文奖、杰出研究贡献奖、杰出服务贡献奖和中国国家自然科学基金奖等。她还担任过《亚洲商务研究》（Journal of Asia Business Studies）的副主编，以及以下期刊的特约主编：《亚太管理期刊》，《商业伦理季刊》（Business Ethics Quarterly），《雷鸟国际商务评论》（Thunderbird International Business Review），《跨国企业评论》（Multinational Business Review）。此外，她也撰写了一系列国际工商管理方面的案例。杨小华教授曾在多个机构的董事会中任职，为多个国家的公司和政府提供咨询，也经常为中国公司制订培训计划，并亲自授课。杨小华教授现任里昂商学院工商管理专业博士的指导教授，也曾任职于上海社会科学院经济伦理研究中心、湖南师范大学公共管理学院、四川大学商学院。

王亮（Liang Wang），美国旧金山大学管理学院战略学教授，旧金山大学亚太创新与管理研究中心副主任。从加拿大约克大学舒立克商学院获博士学位以来，王亮博士先后任教于加拿大麦克马斯特大学德格鲁特商学院及美国旧金山大学管理学院。他的研究兴趣集中在跨国并购、产业集群、区域创新、企业社会责任，以及新兴市场企业创新及全球化的相关问题。王亮博士曾在《美国管理学会学报》、《战略管理》（Strategic Management Journal）、《创业理论及实践》（Entrepreneurship Theory and Practice）以及《商业伦理》（Journal of Business Ethics）等国际顶级期刊上发表文章。

前言
PREFACE

在过去的三十多年中，我们见证了跨国并购（mergers and acquisitions, M&A）事件数量在全球的迅速增长，此处的并购包括兼并和收购两层含义。跨国并购的总交易价值从1988年的约1 780亿美元，增加到2018年的约1.56万亿美元，占全球并购交易总价值的三分之一以上（2018年全球并购交易总价值为4万多亿美元）。在这三十年间，中国企业的并购事件数量也在不断增长，并购成为中国企业广泛采用的全球扩张方式。多种因素促成了这一趋势，比如2008—2009年全球金融危机导致许多全球资产成为低成本且有吸引力的并购目标。全球的新闻头条都曾报道过中国企业的并购活动，例如，联想收购IBM业务部门。

研究表明，虽然并购事件数量显著增长，但是并购交易实现的价值在企业之间差异很大。据估计，70%—90%的并购都没有达到预期效果，其中一个重要原因就是并购后的整合经常出现问题。在交易完成阶段和接下来的运营阶段，企业会经历各种挑战。在中国企业与发达国家企业的并购交易中，整合规划和跨文化沟通的挑战尤为突出。其原因从缺乏国际经验，到并购方与被并购方之间的期望冲突，不一而足。

我们希望通过案例揭示跨国并购后整合工作的复杂性和种种细节，因此策划出版了这两本案例集：第一本《跨国并购后的整合：有效规划的案例》聚焦并购交易的规划，第二本《跨国并购后的整合：成功组织的案例》侧重并购交易的组织。其中一些案例涉及中国企业与其他国家企业之间的并购交易，而另一些案例则涉及外国企业之间的并购交易。

本书可以独立用作案例教学中的教材，也可以与第二本结合使用（请参阅下面的"内容设计和结构"），以更全面地理解跨国并购中相关问题的处理。针对的课程包括企业全球战略、外国直接投资、跨国并购及高管培训项目中的相关课程。

本书面向负责并购交易或运营的管理人员，也适合那些想在未来职业生涯中参与并购交易的管理人员阅读。通过研究这些案例，我们希望从事跨国并购交易和运营的现任管理者和未来高管们，能够优化并购后整合的效果，并最大程度地实现价值转移。

内容设计和结构

唐纳德·M. 德帕姆菲利斯（Donald M. DePamphilis）在其权威著作《收购、兼并和重组》（*Mergers, Acquisitions, and other Restructuring Activities*）中提出了并购整合框架，这是本案例集所搭建的并购过程理论模型的雏形。两本案例集包括19个毅伟商学院的案例和3篇《毅伟商业期刊》（*Ivey Business Journal*）的文章，其中特别考虑了在海外投资的中国企业面临的共同挑战和问题。两本书的设计思路如下：

第一本：《跨国并购后的整合：有效规划的案例》
- 第一阶段：整合规划
- 第二阶段：制订沟通计划

前　言

第二本：《跨国并购后的整合：成功组织的案例》
- 第三阶段：创建新组织
- 第四阶段：人事重组
- 第五阶段：职能整合
- 第六阶段：构建新的企业文化

这些案例及文章按照阶段分布如表0.1所示。

表0.1　案例及文章分布

区域	整合规划	制订沟通计划	创建新组织	人事重组	职能整合	构建新的企业文化
中国市场	华意压缩机 上工集团 北汽与萨博	中海油	雀巢 美的	马恒达农业机械公司	三一重工	联想
其他新兴市场	安赛乐米塔尔（1）	艾尔建 安赛乐米塔尔（2）	加拿大帝国商业银行与巴克莱银行（1）		塔塔汽车 加拿大帝国商业银行与巴克莱银行（2） 加拿大帝国商业银行与巴克莱银行（3）	
发达市场		沃特斯啤酒			雷诺—日产联盟	
《毅伟商业期刊》文章	跨业务协作在并购中的使用 论企业并购与估值		建立尼龙搭扣式组织			

* 为保证案例的时效性与代表性，删除了书稿中原有的吉利与沃尔沃的案例。

第一阶段和第二阶段是本书的重点。

第一阶段（整合规划）强调制订支持公司战略的整合计划。本部分由三个案例组成：（1）华意压缩机巴塞罗那有限责任公司：收购后的挑战；（2）上工集团：中国挑战者收购德国高档品牌；（3）北京汽车集团有限公司收购瑞典萨博汽车公司的机会。作为补充，我们还选用了安赛乐米塔尔（1）作为成功合并的案例，该合并涉及欧洲两家大型钢铁制造商：荷兰的米塔尔钢铁公司和卢森堡的安赛乐钢铁公司。此外，我们还收录了两篇《毅伟商业期刊》的文章，以提供进一步的理论阐释。第一篇文章《跨业务协作在并购中的作用》提出了一个有力的工具，它可以帮助企业解决并购后在跨业务协作方面可能出现的问题。第二篇文章《论企业并购与估值》，不仅解释了为什么有些并购会成功而另一些却会失败，而且总结了被广泛使用的并购估值框架。

第二阶段（制订沟通计划）重点关注被收购方、收购方和其他利益相关方之间的有效沟通计划。本部分由四个案例组成：安赛乐米塔尔（2）案例记录了新合并的安赛乐米塔尔的CEO如何与两家公司的财务总监进行沟通，以就整合的关键问题达成共识。中海油案例说明了中海油对加拿大石油勘探公司尼克森的收购，以及中海油在应对加拿大利益相关者关于健康、安全和环境问题的担忧方面所面临的挑战。艾尔建案例涉及美国第三大通用制药生产商艾尔建，以及艾尔建南非公司如何应对包括高管团队因并购而辞职在内的一系列内部动荡。沃特斯啤酒案例记录了跨国啤酒生产商英博在收购德国多家啤酒厂后如何与包括当地企业家、市议会和银行在内的多个利益相关者进行谈判，以进行企业重组。

学习目标

本书编者精心挑选出了书中的案例，以期实现一些关键的学习目标。第一个学习目标是了解并购交易过程的每一个阶段，以及如何实现价值转移。这一视角不仅对那些专注职能的人很有价值，对于那些担任领导角色、时刻需要考虑并购全局的人来说也十分重要。

第二个学习目标是基于丰富的真实案例，更真实、更全面地了解并购交易过程。关键的并购概念和框架可以被应用于现实情境，以丰富学习体验。

除了强调现实世界中并购情境复杂性的学习目标，本案例集还结合了各种不同的观点，使读者可以更深入地了解并购交易过程中出现的机遇和挑战，伴之以考虑适当的管理举措和策略。

同时，本案例集中的并购交易不以金融为中心。事实上，并购交易未能达到预期或完全失败的一个原因是，当事人没有充分重视并购交易规划和实施的"软性"方面（如沟通计划和企业文化）。因此，本案例集重点突出这些重要的方面，以便读者能够使用多种工具，来促进最大的价值转移。

由于2020年新冠疫情在全球暴发，全球产业链经历了前所未有的冲击，未来10—20年内，全球化形式可能会出现各种不同的变异（如半全球化）。尽管如此，在许多行业，全球化仍是未来的趋势。在这种情况下，跨国（境）并购交易将继续成为快速进入全球市场、获取技术和提升品牌知名度的热门途径。了解并购后的整合过程是并购交易中价值转移和价值创造的关键。借鉴并购后整合成功或失败的案例，企业可以节省大量人力、物力和财力。因此，这两本案例集是任何想成为并购交易游戏中成功者的必读书目。

致　谢

与其他重大项目一样，如果没有众人的帮助和机构的支持，这本书的出版是不可能实现的。本书编者感谢毅伟商学院允许我们编辑案例与中文版文章。我们也感谢北京大学出版社对我们的团队和项目的信心与投入，以及策划编辑徐冰女士在整个过程中给予我们的所有帮助。

本书源于 2017 年 5 月 24 日由华东理工大学和旧金山大学联合主办的"跨国并购：新兴市场跨国公司的崛起"国际研讨会。在这次会议上，包铭心教授做了主旨演讲。我们要感谢组委会的工作人员，特别是吴冰博士，他在会务组织方面付出了巨大的努力；感谢各位参与者以他们的观点和研究洞见给了我们编写此书的灵感。我们要感谢上述两个大学提供的大力支持，特别是华东理工大学的国际商务研究团队、美国旧金山大学的亚太创新与管理研究中心和毅伟国际商业研究院。我们还特别感谢中欧国际工商学院陈世敏教授授权我们使用中海油案例中文版，及中国管理案例共享中心授权我们使用联想案例中文版。

我们要感谢许多对本书做出贡献的人，尤其要感谢本案例集中的案例和文章的作者。我们还要感谢所有翻译或修改案例和文章的人，以及协助我们编辑书稿的人。阎海峰感谢国家自然科学基金委的资助（项目批准号：71972072）。以下是我们希望感谢的人员名单：

作　者

Adoracion Alvaro-Moya

Paul W. Beamish

Louis Beaubien

Joseph L. Bower

Danielle Cadieux

Archibald A. A. Campbell

R. Chandrasekhar

Daniel Han MingChng

Ines SansoCodina

David Conklin

Edward Corbin

Miao Cui

Jiawei Dong

Libo Fan

Steve Foerster

Dominique Fortier

Suzanne Francis
Huifang Geng
Alexandra Han
Meera Harish
Wiboon Kittilaksanawong
Yuanxu Li
Xiaobing Liu
Yuekun Liu
Chunguang Ma
Sonia Mahon
Klaus E. Meyer
Caroline Palecki
Simon C. Parker
Betty Jane Punnett
Aijing Ran
Noel Reynolds
Jean-Louis Schaan
Caren Scheepers
Lei Shao(James)
Oded Shenkar
Kulwant Singh
Sanjay Singh
Deepa Sita
Jonathan Stearn

Yang Wang
Guang Yu
Qian Zhang
Yingying Zhang
Yingchao Zhou
Jianhua Zhu

华东理工大学商学院

杨昕悦
王启虎
钱嘉怡
金伟杰
王墨林
吴琼
陈正一
秦一琼

旧金山大学亚太创新与管理研究中心

谢在阳
马子程
Becky Tian
Earl Xu
Anqi Zhou

目 录
CONTENTS

第 1 章　华意压缩机巴塞罗那有限责任公司：收购后的挑战　／ 001

第 2 章　上工集团：中国挑战者收购德国高档品牌　／ 017

第 3 章　北京汽车集团有限公司收购瑞典萨博汽车公司的机会　／ 041

第 4 章　安赛乐米塔尔（1）　／ 053

第 5 章　安赛乐米塔尔（2）　／ 073

第 6 章　跨业务协作在并购中的作用　／ 081

第 7 章　论企业并购与估值　／ 091

第 8 章　中海油与加拿大利益相关者的互动　／ 111

第 9 章　艾尔建在南非的并购：通过情境领导维持文化　／ 135

第 10 章　沃特斯啤酒：重组谈判　／ 149

第 1 章

华意压缩机巴塞罗那有限责任公司：收购后的挑战

本案例由 Yingying Zhang 和 Adoracion Alvaro-Moya 撰写。本案例仅作为课堂讨论材料，作者无意暗示某种管理行为是否有效。作者对真实姓名等信息进行了必要的掩饰性处理。

未经 Richard Ivey School of Business Foundation 书面授权，禁止任何形式的复制、收藏或转载。本内容不属于任何版权组织授权范围。如需订购、复制或引用有关资料，请联系 Ivey Publishing, Richard Ivey School of Business Foundation, The University of Western Ontario, London, Ontario, Canada, N6A3K7；Phone：(519) 661-3208；Fax：(519) 661-3882；E-mail：cases@ivey.uwo.ca。

Copyright© 2017, Richard Ivey School of Business Foundation

版本：2017-04-03

2005年前后，中国企业向国际发达经济体的加速扩张遭遇了很多挑战和风险。虽然学者们对此类活动很感兴趣，但对这些公司的并购动机和并购过程还知之甚少。2012年5月，中国大型国有制造企业长虹集团控制的子公司——华意压缩机股份有限公司（简称华意）进军西班牙，在巴塞罗那建立了子公司——华意压缩机巴塞罗那有限责任公司。华意的目标是收购国际化企业Cubigel，它是世界第四大压缩机制造商。2013年5月，华意成功地完成了收购项目。

尽管迈出了第一步，但公司在恢复生产、开拓市场以及实现盈利等方面仍面临重重挑战。黄大文（Darwin Huang）是华意压缩机巴塞罗那有限责任公司的总经理，他负责此次收购项目。2014年1月，他收到总部指示，准备返回位于四川的华意总部。在巴塞罗那的办公室里，他思考了以下几个问题：谁将成为他的合适继任者？华意在巩固其国际化成果的进程中，应推行怎样的战略？他应该如何帮助公司制定未来的国际化战略？

华意：向一个全球玩家成长

华意1990年成立于江西省景德镇市，1996年在深圳证券交易所上市。2001年，经过一年的重组，华意以合资企业的形式，依靠其在中国市场上庞大的销量和产量成为压缩机行业的领导者。为了进一步扩大业务，2002年，华意收购了加西贝拉（Jiaxipera）压缩机有限公司53.78%的股份。2007年,华意被当时的四川长虹电子集团有限公司收购,后者是中国电子产品消费领域最大的生产商之一。

经过一系列的并购,华意变成了一个产业集团,控制着景德镇虹华家电部件有限公司(生产压缩机部件)、华意压缩机巴塞罗那有限责任公司、华意压缩机(荆州)有限公司、加西贝拉压缩机有限公司等,这些公司都属于压缩机行业。华意在景德镇城市信用合作社(银行业)、广东科龙模具有限公司(模具生产)、佛山市顺德区容声塑胶有限公司(塑料生产)等公司有战略持股(见图1)。

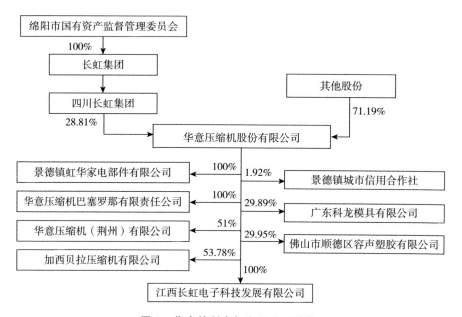

图1 华意的所有权和子公司结构

资料来源:"About us: ownership," Changhong: Huayi compressonBarcelina, accessed February 15, 2014, http://en.hua-yi.cn/about_1003.asp。

2010年,华意成为全球最大的压缩机制造商之一,在全球压缩机行业中排名前三。华意约占全球市场份额的16%,公司拥有6 500名员工,总资产达9亿美元。作为一家专业从事制冷设备压缩机研发的企业,与华意经常合作的客户有博世、西门子、伊莱克斯、利勃海尔、三星、东芝、海尔、海信、美的、美菱等国内外知名制冷设备企业。

怀着成为更大的全球参与者和巩固其当前地位的战略愿景，华意高层管理团队与长虹集团一道，为公司制订了"走出去"的战略计划。主要有两种战略：一种是有机化扩张。这一战略进展缓慢且成本高昂，在行业成熟、竞争激烈且伴随着一定产能过剩的条件下，风险较高。另一种是通过并购进行无机化扩张。在这种战略下，公司能够利用现有资源和能力，包括中国市场，进行扩张。此外，一个拥有互补性资源和能力的国际品牌，可以提升华意在创新能力、产品覆盖率、市场份额和销售渠道等方面的整体地位。

尽管已经是全球最大的压缩机制造商之一，但华意仍想收购表现不佳的国际压缩机厂商，以实现全球市场的战略增长。Cubigel 公司的破产提供了这样一个机会。2012—2013 年，华意收购了 Cubigel 并将其更名为华意压缩机巴塞罗那有限责任公司。

从 Unidad Hermética 到 Cubigel：一家破产但极具象征意义的西班牙工业企业

Unidad Hermética, S. A.（简称 UH）成立于 1962 年，位于巴塞罗那省萨瓦德尔（Sabadell）南部，致力于制造制冷压缩机，它是萨瓦德尔工业资本演化的缩影。这家企业由著名工业工程师、企业家 Antonio Forrellad Solà（1912—1983）创办，同时拥有西班牙和法国资本，并得到美国企业特库姆塞公司许可生产压缩机。很快，该企业就成为行业领导者。1972 年，西班牙创始人收购了法国人的股权并全资控股。这次并购的三年之后，在巴塞罗那的桑特基尔塞德尔瓦列斯（Sant Quirze del Vallès），一家新公司成立了（这里也是后来 Cubigel 的总部所在地）。1976 年，UH 开始投产，压缩机年均产量达到了 200 万台。

跨国并购后的整合：有效规划的案例

Antonio Forrellad Solà 于 1983 年去世，他的儿子 Herman Forrellad 接管了公司。然而，1983 年，UH 与特库姆塞公司的生产许可没有续约，因此开始了与日本企业东芝的生产合作，并得到东芝的生产许可。19 世纪 70 年代末 80 年代初的工业危机，以及西班牙 1986 年加入欧洲共同体，给 UH 公司带来了巨大损失，因为西班牙市场不再享受国家的保护政策。1988 年，在连年亏损的情况下，瑞典伊莱克斯股份有限公司（Electrolux Holding 简称伊莱克斯）善意收购了 UH，成为 UH 的大股东；UH 也不再是家族企业，其加入伊莱克斯是为了开拓家用制冷设备市场。于是，为了在这个新市场中抢占一席之地，Cubigel 于 1989 年成立了。这次变革需要进行内部重组，聚焦于商业制冷设备，以及伊莱克斯全球所有业务的发展。

因为 UH 在商业制冷市场的地位，Cubigel 在集团中很受重视。在已有的生产能力的基础上，Cubigel 开辟了电气设备的新品类。尽管如此，2003 年，伊莱克斯还是将 Cubigel 出售给了新成立的意大利 Appliances Components Companies（简称 ACC）集团。ACC 设立了塞尔维拉工厂，压缩机及其他产品的年均生产量达到了 110 万台。

然而，2009 年，涉及 500 多名员工的《临时就业条例》（*Expediente Temporal de Regulación de Empleo*，ERTE）[1] 出台，塞尔维拉工厂停业。几个月后，美国工业收购公司（American Industrial Acquisition Corporation，AIAC）收购了 ACC 的商用制冷部门。此后，ACC 被重新命名为 Cubigel Compressors, S.A.。AIAC 的主要目标是收购表现不佳的企业并帮助它们渡过难关，之后再用更高的价格将其出售。然而，结果并没有像预想的那样成功。2011 年 6 月，因财务状况不佳，Cubigel 的管理团队按照 ERTE 呈交了减少 29 天工作时间的计划，该计划影响到了 551 名员工。2011 年 9 月，虽然仍不断接到商业订单，但因缺少流动性资金，Cubigel 还是停止了生产。到 2011 年年底，Cubigel 的管理团队以及董事会接受加泰罗尼亚（Catalonia）政府的审计，后者对 Cubigel 的经济状况及继续运行的可能性进行了客观评估。这标志着 Cubigel 进入了破产前状态。

当 Cubigel 宣布破产时，它仍是世界上第四大商业压缩机制造商，产品销售至超过 80 个国家（和地区），与多家跨国公司建立了合作关系，如可口可乐、联合利华、百事等。2011 年，它的总资产为 3 750 万欧元[2]（2010 年为 4 700 万欧元），净资产为 640 万欧元（2010 年为 1 880 万欧元）。

Cubigel 收购案：华意的挑战

虽然 Cubigel 的财务状况困难，但是公司在市场中仍占有一定的优势。通过专门从事封闭压缩机和冷凝装置的开发，它在轻型商用制冷市场中排名第四，其品牌也因高质量的产品而闻名。此外，Cubigel 在商用制冷行业拥有 50 多年的经验，收购它将有利于建立并维系与国际企业的联系，并获取企业运营知识。在轻型商用压缩机生产领域，Cubigel 大概占据 10% 的全球市场份额以及超过 20% 的欧洲市场份额。因此，当 Cubigel 的竞拍消息公布以后，华意抓住了这个绝佳的机会。华意将此视为其实现战略性国际扩张的好机会，因为 Cubigel 的知识、资源和能力与华意现有的市场定位有很大的互补性。

然而，华意是第一次参与这样的国际收购，其先前的国际经验仅限于进出口和一定程度的联盟。虽然 Cubigel 的破产为其提供了一次进入国际市场的机会，但 Cubigel 自身未解决的劳工关系问题和面临的其他社会压力也给华意带来了诸多挑战。

当 Cubigel 的财务状况在 2011 年下半年开始恶化时，AIAC 的美国股东申请 ERTE，其中 551 名员工受到影响，并且这些员工没有获得当地政府的失业救济金。2012年1月5日，大约400名员工为了争取失业救济金，在从工厂到萨瓦德尔劳工局的路上进行游行抗议[3]。当失业救济金问题解决之后，Cubigel由于减产又按ERTE提交减少工作活动的申请，即减少551名员工180天的工作时间。那时，Cubigel的债务高约2 700万欧元。[4] 尽管Cubigel尝试与大多数供应商协商减少了40%的债务并且获得了5年的还款延期，但法国巴黎富通银行还是关闭了其信贷额度，因此公司仍面临着严重的财务问题，生产难以为继。

虽然生产存在迟滞问题，Cubigel还是接到了几笔订单，价值高达1 300万欧元，其中两个客户甚至愿意提前支付230万欧元以确保其生产继续。但是，2012年2月7日，Cubigel的AIAC管理层最终还是因为财务困难——2 700万欧元的债务问题——发布了破产声明并要求破产保护。加泰罗尼亚政府提供了200万欧元用于临时维护生产，并通过即时金融基金（Fiancial Fund of Immediate Intervention 发放工资，相应可以参与分配未来利润）。

Cubigel的情况在继续恶化，无论是ERTE，还是当地的经济支持，都无法避免破产。2012年5月10日，Cubigel进入清算流程。巴塞罗那第三商业法庭驳回AIAC提出的计划，最终决定出售Cubigel的生产部门。那个夏天，两家中国公司、一家德国公司和一只投资基金对Cubigel表示了兴趣，但最后只有两家中国企业参加了竞标。

华意开始快速搜集关于Cubigel的信息，以及寻求当地机构对现有业务和新业务的支持。为此，华意联系了一家知名的西班牙律师事务所（Cuatrecasac）以及萨瓦德尔和桑特基尔塞德尔瓦列斯的地方当局，它们曾与Cubigel在促进地区的技术培训方面有过合作。2012年7月16日，华意董事会召开第五次特别会议，讨论关于参与收购Cubigel生产部门的提案，该提案获得董事会全体的一致通过。也是在这次会议中，通过了参与法庭初始和补充竞拍的决议。董事会成员黄大文随后被任命负责跟进整体进程，团队还包括另外三名管理者。7月17日，法官正式确认并宣布华意竞拍成功，它击败了来自中国的另一家投标公司东贝（Donper）。法官肯定了华意管理团队、当地政府、Cubigel员工和破产委员会在这几个月付出的努力与让步，使得投标协议能顺利达成，为Cubigel未来在合理条件下的发展提供了保障[5]。

华意为保证未来工厂的生产力，支付了60万欧元的收购价，以此为交换解决了部分裁员和减薪问题。其中，收购价的10%用以补偿工人，另外到2013年预计将有350万欧元用于投资于公司。即使如此，原有的551名员工中也只有386名继续待在被收购的公司，其中有280名直接就业、52名非直接就业以及54名管理人员。收购后，新公司产量将达到每年180万台，员工总薪水将缩减15%。并且，华意将不会承担原有债务（估值近3 000万欧元）。同时作为协议的一部分，如果企业为了扩大生产需要招收更多员工，应该首先考虑之前的被裁人员除了要在欧洲开设新的业务线。

虽然华意在Cubigel的收购竞标中成功了，但接管这家历史悠久的西班牙企业仍很艰难。在华意刚赢得投标的几个月后，发生在Cubigel工厂所在城市的一场意外令吉卜赛人和华人社区之间的关系紧张起来，不得不交由当地政府和市长进行调解。2012年9月13日，一名吉卜赛人和他的朋友们冲进位于萨瓦德尔附近的一家酒吧，与中国籍酒吧老板发生争斗，该名吉卜赛人在争斗中丧生[6]。2012年10月，媒体又曝光了另一起与西班牙华人社区有关的丑闻——帝王行动（Operation Emperor）。这一事件的负面影响持续多年，大概100名华人在警方调查中被逮捕。主要被控诉的罪名是洗钱，还有一些文件造假、税务欺诈[7]等问题。

正是在这种不利的大环境下，华意于2012年下半年接手了Cubigel。

萨瓦德尔周边和西班牙社会层面对中国人及中国企业都持有一些负面印象。作为第一家在加泰罗尼亚的工业企业中有投资的中国企业，华意必须处理好这些问题才能顺利开展交接工作，并尽快恢复生产。到 2012 年 10 月 15 日，作为投标和交接协议的一部分，Cubigel 解雇了 162 名员工，将员工数量减少了 40% 左右。被解雇的员工聚集在工厂门口，讨要他们的遣散补偿和其他拖欠款项，共计 170 万欧元。

被解雇的员工封锁了工厂入口，阻碍了运输的卡车进出，由此造成的损失估值达到每日 5 万欧元。因为缺乏原材料，生产被迫中断。为了恢复工厂正常的生产活动，法官禁止前员工进入工厂一千米范围内，并且命令当地警察为卡车进入工厂开道。到 2013 年 1 月底，Cubigel 最终同意给予被解雇的员工部分失业救济金[8]。

从 Cubigel 到华意

在着手收购的前几个月中，黄大文和他的管理团队准备了提案和商业计划来说服华意和长虹的董事们去参加这次竞标。他们与负责 Cubigel 的招标管理部门协商了每个会计科目，并与审计师和招标管理部门估算了业务可行性的财务需求。同时，由于 2012 年 9 月的谋杀案和华人社区丑闻，当地的整体社会氛围对中国企业并不太友好。此外，公司前雇员的集会和围堵，直接影响了公司的管理和正常运营。黄大文每天奔波于社区，问候西班牙邻居，看着集聚的下岗员工，他问自己：现在该怎么办？形势相当微妙。虽然各方都作出了很大的努力，包括法官会见了前雇员，监管竞标的行政长官签署了承诺款项将于 11 月 12 日到账的信函，但黄大文仍然为劳工冲突所担忧，他不清楚事态将会如何发展。

考虑到收购 Cubigel 这一决定的战略本质，更明智的做法是直面冲突并解决它而不是逃避。解决劳工问题的一种方法，是一开始就承担额外成本并支付拖欠前员工的债务。这种方法能够展示华意进驻当地社区的决心，并保障企业更有效地开展其后续商业计划。如果采用这一战略，华意预计需要为 Cubigel 收购项目增加投资，注入近 760 万欧元的社会资本，以完成交易并改变企业的股东结构。另一种选择是放弃收购，鉴于华意在竞标程序中的承诺，这种做法带来的损失是显而易见的。但这个决定将会避免因劳工冲突、全球经济增速放缓以及组织整合失败而造成更大的损失。

黄大文想知道如何解决这个问题：华意应该继续还是退出？如果继续收购，那么在整合 Cubigel 与华意的过程中需要解决的关键管理问题是什么？通过收购 Cubigel，华意可以为不同地区提供多样化产品，并获得这个专业领域的技术支持和人才支持。这一收购还将有利于华意在欧洲、非洲、拉丁美洲的业务增长，因为西班牙企业在这些地区的影响力历来很强。同时，这次收购也有利于华意进入商业压缩机市场，增强其技术实力，打开潜在的西欧市场，扩大长虹集团的全球影响力。技术上来讲，Cubigel 还将凭借其丰富的产品获得优势，该产品系列包含全球最完整的气缸和制冷器生产体系，在引擎中广泛使用的铝产品，成本更低、效率更高的半成品钢，以及其他与商业压缩机有关的技术。

战略方向非常明确。解决劳工纠纷，让 Cubigel 成为华意的一个组成部分，将成为黄大文在 2013 年伊始最大的管理挑战。即使成功完成收购和解决劳资冲突，Cubigel 的情况也不甚乐观，因为长达一年的生产停工，已经让 Cubigel 的市场份额受到严重影响。企业如何让之前流失的客户回来？如何说服他们相信未来可以得到保障并相信现有的股东？事实上，被中国国有企业收购，无助于其在西方市场开拓业务。在过去的几十年，Cu-bigel 经历了频繁的外资股东更迭，尤其是在最新的以收购为主业的基金投资者手里，创新投资已经大幅缩减，研发和生产线设备升级受阻。

最后，但同样重要的是，在经历了超过一年的生产和劳工纠纷之后，员工们毫无斗志。尽管新的中国雇主看起来对公司未来很有信心，但薪水暂时减少了15%。鉴于西班牙华人社区有关的负面事件以及缺乏关于中国跨国公司如何对待当地雇员的参考经验，不确定性仍然存在。人们更愿意围观，等着看事态到底会怎么发展。如果收购继续，刚刚成立的子公司——华意巴塞罗那压缩机有限责任公司，就将接手 Cubigel 的业务。考虑到所有的情况，黄大文将 Cubigel 与华意的整合作为 2013 年的战略重点。其目标是短期内将损失转化为利润，提高员工士气，增强员工信念，并提高研发和生产效率。

未来挑战

收购和管理过渡工作于 2013 年 5 月完成，生产和客户关系得以重新建立。所有的绩效指标都显示，新公司在生产力和全球地位方面有明显提升。到 2013 年年底，华意在全球制冷压缩机市场的销量和产量均居首位，拥有超过 3 400 万台销量和 3 000 万美元的净利润。经济和财务报表均显示，2012—2013 年，华意净利润增长了 65%。华意实现了其初步目标，即成为制冷设备压缩机行业的全球领导者。此外，它的综合竞争力也得到了提升，特别是通过增强创新能力以及合并欧盟和美国认证的实验室来测试新技术与新产品。

截至 2013 年年底，华意压缩机巴塞罗那有限责任公司拥有社会资本 7 599 792 欧元[9]，超过 3 000 万欧元的销售额。它的经济利润率达到 2.38%，财务利润率达到 6.39%。公司在西班牙国家经济活动分类的非家用通风及制冷设备制造类中排名第3，在巴塞罗那企业中排名第710，在西班牙全国企业中排名第3 547。2013 年，Cubigel 二十年来首次缴纳公司所得税。从结构上讲，华意压缩机巴塞罗那有限责任公司拥有两家子公司及其商业品牌，即 Cubigel 和 UH。

华意入主前 Cubigel 已经恢复了部分市场份额，但在入主并重组之后，还必须努力提高生产效率。在产量方面，2013 年生产率提高了 51.5%，从 1 月的每天生产 3 603 台到 9 月每天生产 5 460 台。在市场方面，订单也开始趋于稳定，这反映出市场的饱和与生产能力的不足。质量控制方面，关于质量方面的投诉也大幅减少，客户和供应商的评分都有所提高。报废率也在 2013 年降低了 50%，不合格产品从 2011 年的 1 430 台降低到 722 台。此外，环境管理也日益受到重视，涉及整个生产流程。华意压缩机巴塞罗那有限责任公司以其高度的社会责任感和成功的管理整合、业务整合、文化整合而受到认可。2014 年 2 月 19 日，萨瓦德尔市长 Juan Carlos García 在市政厅为华意颁发了荣誉证书。萨瓦德尔一家当地报社还着重报道了 Cubigel 的积极变化，报道的标题为"欢迎你！黄先生"。

展望未来

虽然华意在收购 Cubigel 之后初步业绩令人吃惊，但 Cubigel 的前景并不乐观。压缩机市场总体处于饱和状态，全球经济危机的持续导致全球市场增长放缓。作为华意压缩机巴塞罗那有限责任公司总经理，黄大文虽然成功完成了华意对 Cubigel 的战略收购并且成功转型，但是他已被调离，不再负责应对公司未来的挑战。2014 年 1 月，黄大文接到了一个让他回到华意总部、加入长虹集团董事会的电话。谁将是接替黄大文领导华意压缩机巴塞罗那有限责任公司的合适人选？什么样的人选最理想？华意应该如何继续国际化？这些经验可以转移到长虹母公司吗？在巴塞罗那一个阳光明媚的冬日，黄大文离开了他的办公室，但他从未停止思考已经解决的挑战，以及他和他的继任者将面临的新挑战。

注释

1. 根据西班牙关于劳工方面的规定，资方在经济、技术、组织、产品或者其他不可抗力的因素下，可以中止合同或者减少支付给劳工的薪水，由此产生了《临时就业条例》。企业通过集体决策调整劳工成本的措施有三项：第一，在一定期限内暂停与全体员工或部分员工的劳动合同，这段时间，员工将处于临时失业状态，可领取相应的失业福利，在暂停期限过去后，员工将恢复其职位。第二，减少劳动时间，（包括减少上班时长），进而减少薪酬。第三，集体辞退。从 2012 年起，如果企业遇到以上情况，不必申请劳动部门许可。劳动双方应当充分协商，遵守法律程序，但是如果双方最终未能达成一致，则以企业方的主张为主。但是如果遇到不可抗力，则应当由劳工部门授权批准。

2. 截至 2011 年 12 月 31 日，1 欧元 = 1.2959 美元。

3. "400 People Protest in Sabadell to Demand Payment of Unemployment in Cubigel," La Vanguardia, January 5, 2012, accessed May 28, 2014, www.lavanguardia.com/local/barcelona/20120105/54243652606/400-personas-protestan-en-sabadell-para-exigir-el-pago-del-paro-en-cubigel.html.

4. 截至 2012 年 1 月 30 日，1 欧元 = 1.3137 美元。

5. "The Company Cubigel, of Compressors, Will Go to Chinese Hands," Inversión & Finanzas.com, July 17, 2012, accessed May 28, 2014, www.finanzas.com/noticias/empresas/20120717/empresa-cubigel-compresores-pasara-1462551.html.

6. Rebeca Carranco, "The Mossos Try to Contain in Sabadell the Tension be-

tween Chinese and Gypsies," El País: Catalonia, September 14, 2012, accessed May 28, 2014, http://ccaa.elpais.com/ccaa/2012/09/14/catalunya/1347578232_232349.html.

7. Cruz Morcillo and Pablo Muñoz, "Nearly 100 Arrested in the Biggest Police Blow to the Heart of the Chinese Mafia," ABC.es: España, October 19, 2012, accessed May 28, 2014, www.abc.es/20121016/espana/abci-macrooperacion-contra-mafias-chinas-201210152024.html.

8. Clara Blanchar, "Quince días de bloqueo en Cubigel," El País: Cataluña, November 23, 2012, accessed May 28, 2014, http://ccaa.elpais.com/ccaa/2012/11/23/catalunya/1353701707_664931.html.

9. 截至2013年12月31日，1欧元=1.3776美元。

第2章

上工集团：
中国挑战者收购德国高档品牌

本案例由 Klaus E. Meyer 教授，Daniel Han Ming Chng 副教授和 Jianhua Zhu 助理研究员撰写。本案例仅作为课堂讨论材料，作者无意暗示某种管理行为是否有效。作者对真实姓名等信息进行了必要的掩饰性处理。

未经 CEIBS（China Europe International Business School）书面授权，禁止任何形式的复制、收藏或转载。本内容不属于任何版权组织授权范围。如需订购、复制或引用有关资料，请联系 Ivey Publishing, Richard Ivey School of Business Foundation, The University of Western Ontario, London, Ontario, Canada, N6G0N1; Phone：(519) 661-3208; E-mail：cases@ ivey. ca。

Copyright © 2015, CEIBS (China Europe International Business School)

版本：2015-10-14

2013年7月,上海缝纫机制造商上工申贝集团(Shang Gong Group,SGG,简称为上工集团)[1]董事长兼CEO张敏正在庆祝当年在德国完成的第二次收购。继2月收购百福工业(Pfaff Industrial,Pfaff)后,上工集团将工程公司凯尔曼(KSL Keilmann,KSL)纳入麾下。在此之前,上工集团于2005年收购了德国工业缝纫机制造商杜克普爱华(Dürkopp Adler,DA)。

这些海外收购让上工集团一跃成为中国甚至全球缝纫机市场的领头人。2013年,上工集团的年收入预计达到18亿元人民币[2],营业收入接近1.5亿元人民币,而净收入接近8 000万元人民币。上工集团共有3 450名员工,其中超过一半在海外工作。其家用缝纫机品牌蝴蝶和飞人在中国家喻户晓,收购的德国工业缝纫机品牌DA、Pfaff和KSL的生产产品应用于高端服装和汽车制造。上工集团在中国、德国、捷克和罗马尼亚共运营七家工厂。

张敏认为,海外收购将为他赢得上海同行的赞誉,但他也在仔细考虑新收购两家公司所面临的挑战。虽然有从之前收购DA的经历中吸取的教训,然而这次所面临的战略选择和运营挑战与以往不同。张敏需要果断地行动,同时还要与许多利益相关方打交道。除了在德国的收购,如何提升上工集团在中国市场的领军地位,并最终挑战引领全球市场的日本公司,这无疑也是一项挑战。

上工集团

上工集团是一家国有企业,最初名为上海工业缝纫机厂,1965 年由上海市政府建立。20 世纪 80 年代初,该公司投资了近 2 亿元人民币从日本工业缝纫机制造商重机(Juki)进口高速锁线缝纫机生产线。1993 年公司在上海证券交易所上市,上海市政府保留对其的控制和所有权。

21 世纪初,上工集团面临着激烈的竞争。Juki 在中国确立了工业缝纫机市场领导地位,以具有竞争力的价格提供高科技的缝纫机。尽管进口了高端缝纫机生产线,上工集团仍处于低端市场。浙江省的几家民营初创企业以远低于上工集团的价格提供类似的产品。由于上海的劳动力成本以全国第一的速度攀升,因此上工集团的人力成本比其他地区的民营企业更高,市场份额逐渐下降。据记录,上工集团 2003 年的净亏损额达到 5 000 万元人民币,2004 年达到 7 800 万元人民币。[3]

面对这场危机,上海市国有资产监督管理委员会(简称国资委)和上海轻工控股(集团)公司的管理层果断地采取了行动,对上工集团进行重组,并采取以下措施:第一,上工集团与富士施乐(Fuji Xerox)复印机和宝丽来(Polaroid)相机的当地制造商申贝合并。第二,持有上工集团 26.4% 股份的上海轻工控股(集团)公司将股份转移到上海浦东新区的国资委。因此,主要生产设施所在区的区政府间接地成为上工集团最大的股东。[4] 第三,张敏被任命为上工集团的新任董事长兼 CEO。

对 DA 的收购

面对来自日本公司和国内民营企业的激烈竞争,张敏不得不采取大刀阔斧的行动来防止上工集团被迫退市。DA 为高端客户制造高科技工业缝纫机，这为上工集团在制造技术方面同日本公司展开竞争提供了机会。[5]张敏意识到，海外收购将是集团应对挑战的一个既雄心勃勃又具有风险的策略。"只有收购高档品牌和高端技术，上工集团才能生存下去。我们的首次海外收购不仅仅追求海外市场，当时更多的是生存所迫"，张敏回忆道，他希望通过收购 DA，上工集团能够提升在中国的地位，并在国际市场创造新的机会。

DA：陷入困境的德国高档品牌

DA 的起源要追溯到两家互相竞争的缝纫机公司，成立于 1860 年的 Dürkoppwerke 和成立于 1867 年的 Koch's Adler。这两家公司最初都制造家用缝纫机，后来专门生产工业缝纫机。德国汽车供应商 FAG Kugelfischer 分别于 1962 年和 1987 年收购了 Dürkoppwerke 和 Koch's Adler，并于 1990 年将这两家公司合并为 DA。DA 在德国证券交易所上市，其中 5.02% 的股份自由浮动，94.98% 的股份由 FAG Kugelfischer 持有。[6]

1991 年随着冷战结束，DA 通过收购捷克和罗马尼亚的低成本生产工厂，把握住东欧新的商业机遇。到 2005 年，DA 通过与 200 多个合作伙伴建立的全球销售和服务网络，创造了超过 80% 的国际销售额。[7]其自动化缝纫机用于古驰、爱马仕、博斯和阿玛尼等高端服装制造商的生产，而工业缝纫机用于梅赛德斯-奔驰、宝马、奥迪和通用汽车等高端品牌生产汽车座椅和汽车内饰。

由于全球需求降低以及欧元升值，DA 的收入和利润持续下降（见表 1），自 1998 年以来公司未支付股利。[8]FAG Kugelfischer 实施了几项重组计划来削减成本，减少产能过剩。事实证明，这些重组计划带来了破坏性的结果，未能让公司重新获得持续盈利的能力。2002 年，FAG Kugelfischer

被汽车零部件供应商 INA 控股公司收购。INA 认为缝纫机不属于其核心业务，因此同年将 DA 出售。[9]

意识到这次收购机会，张敏分析了 DA 的优势和劣势，从而识别能提高绩效的可能性。具体来看，DA 面临着三大关键挑战：

第一，DA 没有适应市场变化。纺织业的中心已经转移到东亚和南亚。而且，对中国制造产品的纺织品配额取消后，截至 2003 年全世界超过三分之一的服装都是在中国生产。因此，中国成为缝纫机最重要的市场。然而，DA 在亚洲的销售网络薄弱。DA 通过总部设在中国香港的经销商来服务中国内地市场，并于 2002 年 1 月才在中国内地设立了一家销售子公司。当欧洲和美国的销售额下降时，DA 未能抓住亚洲日益增长的需求。

第二，DA 没有充分利用欧洲工厂进行专业化生产。虽然捷克和罗马尼亚的劳动力成本不到德国的一半，但是 DA 的所有四个工厂均生产整机，包括大部分零配件，不同的生产工厂之间几乎没有零部件的贸易，因此 DA 未能利用潜在的规模经济和劳动力成本差异。

第三，DA 的组织架构臃肿，行政管理费用占销售额的 5%—7% 左右。随着销售额的下降，销售成本占销售额的比重从 2001 年的 57% 增长到 2004 年的 67%（见表 1）。

表 1　DA 的关键数据（1998—2004 年）

单位：百万欧元

	1998 年	1999 年	2000 年	2001 年	2002 年	2003 年	2004 年
销售额	218.4	178.4	198.3	173.5	154.8	145.7	133.2
销售成本	—	—	—	99.7	94.1	96.3	89.9
销售毛利	—	—	—	73.8	60.7	49.4	43.3
销售费用	—	—	—	42.5	34.7	28.2	25.4
行政管理费用	—	—	—	13.5	10.8	8.5	7.5

（续表）

	1998年	1999年	2000年	2001年	2002年	2003年	2004年
研发费用	—	—	—	8.8	8.9	7.2	6.6
销售额（按部门）							
缝纫技术部门	173.7	143.9	166.0	148.1	117.9	111.5	111.8
物料搬运部门	44.7	34.7	32.3	25.4	36.9	34.2	21.4
销售额（按地区）							
德国	—	—	—	26.9	23.9	23.6	21.3
欧洲（德国除外）	—	—	—	81.5	76.5	70.4	55.7
美洲	—	—	—	30.6	21.6	21.2	22.1
非洲	—	—	—	5.8	3.5	3.8	5.7
亚洲（含澳大利亚）	—	—	—	28.7	29.3	26.7	28.4
员工（数目，年终）	—	—	—	2 493	2 272	2 009	1 841

资料来源：Wind Information Co., Ltd., "SGG Data 2005–2013," Wind Database, accessed May 16, 2014。

迅速行动，赢得信任

收购 DA 之前，上工集团成立了上工（欧洲）控股有限公司［简称上工（欧洲）］作为收购的工具。2003 年 12 月，上工集团发行了价值 3.23 亿元人民币的新 B 股，[10] 为海外投资做准备。上工（欧洲）从 INA 收购了 DA 94.98% 的股份，价值约 95 万欧元。[11] 此外，上工（欧洲）偿还了 800 万欧元的银行贷款，并将借给 DA 的 2 700 万欧元贷款的还款期限延长了 9 年，年利率为 6%。

跨国并购后的整合：有效规划的案例

张敏成为监事会主席，与德国的 CEO 共同规划总体战略。2006 年，之前曾经管理 DA 捷克工厂的艾尔弗雷德·韦德尔（Alfred Wadle）晋升为 CEO。他负责生产、开发和销售的日常运营，并与负责财务、人力资源管理和 IT 的首席财务官 Zheng Ying 协调活动。企业战略是与德国的高级管理团队共同设计的，而战略的实施和运营管理仍然由当地的管理层负责。有关当地的重要决策，Zheng Ying 会与张敏以及上海的团队沟通。

对于关键的战略决策，张敏有最终决定权。他认为，一旦监事会做出战略决策，管理团队必须实施。如果有人表达不同的观点，可能会被解雇。例如，收购时 DA 的 CEO 不同意张敏的产品和营销策略，后来 CEO 的职位被韦德尔取代。

"最大的挑战是赢得我们的合作伙伴、员工和银行的信任。"张敏回忆道。[12] 虽然 DA 的员工已经接受了 INA 最终将出售 DA 的事实，但是将其出售给中国投资者仍然在员工中引起轰动。这是首次一家德国公司被一家中国国有公司收购，DA 的员工不知道会发生什么。因此，上工集团面临着德国的工会和媒体等利益相关方的高度怀疑。因此，如何建立信任对于张敏来说是个大问题。

FAG Kugelfischer 在近二十年里大规模裁减 DA 的员工数量，德国比勒费尔德的员工数量从 20 世纪 80 年代的 2 500 人减少到 2005 年的 450 人。[13] 另外，167 名员工在收购之前按照上工集团、FAG Kugelfischer 和工会之间的协议被解雇。然而，收购之后没有员工被解雇，而且集体劳动协议继续有效。两名员工代表还继续留在监事会。最重要的是，没有一台机器被拆除并运往海外。所有这些行动都有助于安抚员工的焦虑情绪。

2005 年 11 月，张敏在一次德国职工大会上宣布："DA 作为品牌管理中心和销售管理中心的地位将保持不变；DA 作为研发中心的地位将保持不变；DA 作为高端产品生产基地的地位将保持不变。"[14]德国员工对此报以热烈的掌声。

战略重组

收购后，上工集团旨在通过两种方式对 DA 进行重组：一是优化欧洲的价值链；二是加强 DA 在中国市场的地位。

优化欧洲的价值链

DA 在欧洲有四个工厂：两个在德国，其余两个分别在捷克和罗马尼亚。每个工厂负责缝纫机整机生产的全流程。收购后不久，DA 加强了四个工厂的专业化分工。罗马尼亚的工厂专注于生产劳动密集型的零部件，用于在欧洲和中国的后续加工，而捷克的工厂继续制造主要的产品系列，德国赫斯巴赫的工厂移往德国比勒费尔德，前者于 2009 年关闭，[15]后者作为 DA 和上工集团的高科技制造和研发中心，地位进一步增强。[16]

由于对价值链进行了清晰的专业化分工，DA 显著地降低了生产成本。到 2005 年年底，DA 实现了盈亏平衡。经济效益的改善对张敏赢得德国员工和相关利益群体的尊重起到了至关重要的作用。[17]

中国的两个合资公司

虽然在质量和可靠性方面有很好的声誉，DA 在中国销售机器的过程仍然很艰难。用韦德尔的话说："在欧洲，我们处于有利地位。但在亚洲，我们机器的价格实在太昂贵了。"[18]同时，上工集团缺乏在中国高端市场竞争所需的管理和营销能力。为了弥补这些不足，DA 和上工集团于 2006 年成立了两个合资公司。

第一个合资公司是由上工集团和 DA 成立的 DA 贸易（上海）公司，其中 DA 持有 25% 的股权（后来增加至 40%）。该公司的任务是向中国（后来拓展到东南亚）的客户销售在德国或中国制造的 DA 机器。2007 年，该合资公司在全世界共销售约 3 000 台缝纫机。

第二个合资公司是 DA 制造（上海）公司，该公司建立在上工集团原有工厂的翻新地址，并雇用了上工集团现有的一些劳动力。DA 在该合资公司持有 30% 的股权，并从德国调派四名经理和工程师来领导该项目。该合资公司旨在为中国的中端市场开发和制造缝纫机。

设计是在德国使用计算机辅助技术完成，然后转移到中国的开发团队，再做进一步的改造（如吸收本地可得的材料和部件）。此外，合资公司还专门为中国市场打造了一款新型快速缝纫机。其愿景是，简化的设计加上 DA 的品牌和德国对制造运营的监督，能够让合资公司生产出品质可靠且价格具有竞争力的产品，以挑战其竞争对手，也就是日本公司在中国中等价位市场的领导地位。

合资公司向德国同等水平的质量和可靠性迈进的过程异常艰难。调派到中国的德国经理和工程师面临着技能差距和沟通障碍的问题，以致阻碍了生产流程知识的有效传授。中国的制造质量参差不齐，许多成品机器有严重的质量问题，甚至有些机器在交付后不久就在客户的厂房发生故障。[19]因此，合资公司未能实现盈亏平衡，上海浦东的制造公司于 2009 年关闭。[20]张敏在反思时指出：

> 如果有机会重新开始，我不会那样做。我高估了德国员工的设计能力。我也高估了德国人在中国的管理能力。事实上并不顺利。现在我（明白），不能想当然地认为在德国制造的产品也（可以）在中国

制造。虽然中国已经发射了人造卫星和宇宙飞船，但是它（不能）制造高端缝纫机。我已经吸取了教训。现在，我只把成熟和适合的产品逐步引进到中国的工厂，暂时将高端产品的研发和生产留在德国。

跨文化沟通的挑战

德国和中国管理生产运营的方式和习惯大相径庭，这导致了很多整合和协调方面的问题。中国的员工非常尊重德国同事的质量管理，但与此同时，他们也厌恶德国人的缓慢和挑剔。相反，德国同事经常将中国员工的处事灵活和创新速度理解为无法准确、一致地进行产品设计。正如 DA 的创新经理所说："（中国的）人们喜欢即兴发挥，这样质量就会走下坡路……我们的中国同事却认为，事情往往不够快。但是我们的机器要求最高的精度。"[21]

从中国员工的角度来看，他们并不欣赏如此重视精度的做法，因为这样会让原本昂贵的产品更加昂贵。当时，中国制造商并不像欧洲客户那样重视耐用性和可靠性。他们没有长期规划的视野，往往在高度动荡的市场上寻求短期合同，因此通常不愿意为更耐用的产品付出很高的代价。这些市场环境的差异加剧了中国和德国工程师思维的差异：中国的工程师优先考虑的是快速适应客户的需求，而德国的工程师主要关心技术的可靠性和产品的耐用性，以及品牌的声誉。

在合作的初期，上工集团和 DA 在日常运营中也经历了跨文化沟通的误解。例如，当讨论的话题与自身没有直接关系时，中国的员工表现出心不在焉的态度，甚至开会时还睡着了，对此德国同事感到非常生气。相反，中国员工认为德国同事表达观点或指出错误时所直接表现出的态度是傲慢无礼的，即使他们说的是对的。[22]

人际交往和共同活动是增进互相了解的重要方法。然而，这很难实现，因为除了 Zheng Ying（上工集团的副总裁和 DA 的首席财务官），中国的高层管理者并没有花很多时间在德国。甚至 Zheng Ying 也很少与德国的车间工人或销售团队在一起。一些中低层经理觉得他们缺乏机会在非正式场合了解他们的中国老板，比如在酒吧喝啤酒聊天。此外，员工使用英语的流利水平也有限。[23]

另一个与之相关的挑战是把握关键利益相关方（尤其是客户）的期望。DA 的销售经理经常收到客户关于产品原产地的问题。[24]欧洲和美国的客户支付超过 5 万欧元的高价购买缝纫机，用于安全敏感性用具的生产，例如汽车的安全气囊。这些机器仍然在德国和捷克生产，但客户希望确认原产地，因为他们不愿意支付高价购买中国制造的产品。[25]

早期获得的成功

收购 DA 三年后，上工集团和 DA 都取得了良好的财务业绩。上工集团的销售收入从 2005 年的 14.82 亿元人民币增加到 2007 年的 25.38 亿元人民币。公司 2006 年开始盈利，2007 年净收入达到 3 233 万元人民币（见表 2）。DA 也取得了理想的成果，于 2005 年实现盈亏平衡。销售收入从 2005 年的 1.286 亿欧元增加到 2007 年的 1.513 亿欧元（见表 3）。此外，经过多年的裁员，与该行业精简人员的长期趋势相反，DA 的员工数量略有增长，从 2005 年的 1 772 人增加到 2007 年的 1 817 人（见表 3）。

对于比勒费尔德的员工，被收购之后的变化不大。最初，许多员工担心新东家会窃取德国的技术，德国的就业岗位会减少，这一担忧很快就被打消。被收购两年后，员工们对未来的就业前景感到乐观。收购之前离开公司的一些员工又重新回到公司。之前一些员工的家人和朋友一直担心工作缺乏保障，现在也开始讨论未来新的机遇。德国工会称赞上工集团信守承诺，媒体也对中国新东家持赞许的态度。[26]

表 2 上工集团的关键数据（2005—2013 年）

单位：百万元人民币

	2005 年	2006 年	2007 年	2008 年	2009 年	2010 年	2011 年	2012 年	2013 年
销售收入	1 482.66	2 440.72	2 538.06	2 236.18	1 631.97	1 677.91	1 578.69	1 506.13	871.42
销售成本	1 219.76	1 805.28	1 926.46	1 739.81	1 379.77	1 307.67	1 205.35	1 067.78	606.81
毛利	262.90	635.44	611.60	496.37	252.2	370.24	373.33	438.35	264.61
息税折旧摊销前利润	0.00	0.00	125.65	93.39	−210.82	46.94	93.21	123.56	103.28
息税前利润	0.00	0.00	18.20	9.17	−274.96	−0.13	54.95	90.62	75.20
净收入	−275.32	13.80	32.33	−33.22	15.81	53.63	131.66	69.60	51.42
息税折旧摊销前利润率（%）	−10.53		8.74	5.56	8.07	7.86	12.74	10.37	11.85
净利润率（%）	−18.57	0.57	1.27	−1.49	0.97	3.20	8.34	4.62	5.90
每股收益	−0.62	0.01	0.06	−0.07	0.07	0.10	0.25	0.09	0.07
国内员工（数量，年终）	2 228	1 564	1 385	1 186	805	532	309	665	665
海外员工（数量，年终）	1 772	1 807	1 817	1 654	1 278	1 130	1 232	1 223	1 209

(续表)

销售额（按业务）	2005年	2006年	2007年	2008年	2009年	2010年	2011年	2012年	2013年
缝纫机		1 620.17	1 669.34	1 119.49	741.70	1 057.29	1 005.72	1 077.43	631.34
设备		323.07	405.40	431.26	294.60	—	—	—	—
国际贸易	207.75	236.68	268.56	489.99	417.95	452.81	396.37	273.67	158.85
办公设备		162.71	127.65	138.55	128.33	122.54	125.28	112.29	52.51
薄膜材料	50.59	57.29	66.99	70.48	75.76	57.64	60.26	36.13	34.23
办公工程	100.57	105.42	60.66	68.07	52.56	64.90	65.02	76.17	18.28
其他	14.60	14.87	7.07	6.41	5.14	3.59	5.42	3.75	1.94

备注：2013年为Wind 1—6月数据。

资料来源：Wind Information Co., Ltd., "SGG Data 2005–2013," Wind Database, accessed May 16, 2014。

表3 DA 的关键数据（2005—2013年）

单位：百万欧元

	2005年	2006年	2007年	2008年	2009年	2010年	2011年	2012年	2013年
销售收入	128.6	146.1	151.3	135.3	81.8	76.4	89.5	96.7	53.0
销售成本	83.1	91.2	101.8	95.8	66.9	48.4	53.5	55.5	28.0
销售毛利	45.5	54.9	49.5	39.5	14.9	28.0	36.0	41.2	25.0
销售费用	24.2	26.3	24.9	22.7	18.7	15.2	15.1	15.6	8.4
行政管理费用	7.1	7.2	7.0	6.6	6.0	4.6	5.2	5.1	2.4
研发费用	6.3	6.1	5.9	6.3	5.5	5.0	6.2	5.9	3.2
销售额（按部门）									
缝纫技术部门	101.7	114.6	113.3	90.7	51.8	62.4	89.5	96.7	53.0
物料搬运部门	26.9	31.5	38.1	44.6	30.5	14.0	—	—	—
员工（数量，年终）	1 772	1 807	1 817	1 654	1 140	1 150	1 232	1 223	1 209

备注：2013年为1—6月数据；物料搬运部门于2010年7月被出售；2010年的数据包含出售日期之前的销售额。

资料来源：Dürkopp Adler AG, "Geschäftsberichte 2005–2013," https://www.duerkopp-adler.com/de/main/investor/business_report.html, accessed August 26, 2015。

不断演变的竞争和商业周期

2008年的金融危机为制造业（尤其是汽车行业）企业带来了重大的挑战，DA 也不能幸免。缝纫技术部门的销售额从 9 070 万欧元下降到 2009 年的 5 180 万欧元（见表3），导致净收入亏损 2 120 万欧元（而 2008 年净收入为 20 万欧元）。[27] 上工集团利用这个机会开展了一系列的重组活动。与工会协商后，DA 解雇了 150 名员工，其中大部分是行政部门的员工。DA 将物料搬运部门以 1 000 万欧元的价格出售给奥地利的科纳普公司（Knapp AG）。张敏也与 INA 和银行协商重组 DA 所欠的债务，最终上工集团为了提高 DA 的净资产比率，核销了借给 DA 的 1 000 万欧元贷款。[28] 双方一致同意，DA 一旦实现盈亏平衡就偿还欠上工集团的剩余贷款。还款计划是每年 300 万欧元，年利率为 6%。此次财务重组将 DA 的债务减少到 1 250 万欧元。

在这个困难的时期，比勒费尔德的许多人认为银行或德国投资者可能会切断资金供应。[29] 但是上工集团不仅减免了 DA 的债务，而且基本上每年投资 500 万至 600 万欧元用于研发，持续将德国工厂发展成为上工集团的全球研发中心（见表 3）。重组后的 DA 重点开发用于制造中原材料的工业缝纫机，如汽车座椅和内饰（见图 1）。DA 的研发计划旨在开发两个技术平台，即 M 型平台和 H 型平台。这两个技术平台将成为 80% 的 DA 机器的基础，并实现零部件的标准化生产和规模经济。

自动化口袋剪裁缝合机展示

M 型缝纫机展示

图 1　上工集团上海展示厅

资料来源：中欧国际商学院案例中心。

用张敏的话说：

> 虽然汽车行业在欧洲和美国正在衰退，但在中国却在崛起。我们相信所研发的两种机器拥有巨大的潜力。2010 年我们推出 M 型机器时，中国成为最大的汽车市场。中型和重型缝纫机部门的销售量拯救了我们集团，也为 DA 带来了 70% 的利润。

DA 在厚料缝纫机的中端市场占有 90% 的市场份额，毛利情况良好。尽管一些员工被解雇，但上工集团在 DA 遭遇困难时期提供支持，为集团赢得了 DA 员工极大的尊重。在德国，DA 新任 CEO Ditrich Eickhoff 评论说："收购从最初的恐慌发展到了最佳情景。"而工厂理事会的领导称，收购"是可能发生的最好的（事情）"。[30]

雄心勃勃的新收购

Pfaff Industrial

2013 年，上工集团在国际化方面采取了两步措施，即收购了两家德国高档品牌制造商，一家是位于凯泽斯劳滕的 Pfaff Industrial（简称为 Pfaff），另一家是位于法兰克福附近的 KSL Keilmann（简称为 KSL）。Pfaff 在欧洲制造高档品牌缝纫机，在自动化缝纫机和胶缝机方面拥有领先的技术。在用于汽车行业的高档缝纫机方面，Pfaff 是 DA 的长期竞争对手。[31] Pfaff 还在上海附近的太仓制造用于缝制鞋和皮革产品的重型机器。然而，Pfaff 的年销售收入持续下降，到 2013 年仅为 DA 的三分之一。经过多年的财务亏损，Pfaff 负债 2 000 万欧元，银行迫使其办理破产程序，并要求找到合适的新股东。

上工集团收购 Pfaff 有两个战略目标：首先，停止 Pfaff 在欧洲与 DA 的竞争；其次，获取 Pfaff 的产品和技术。收购之前，上工集团调查发现了 Pfaff 的两个问题。第一，与收购之前的 DA 一样，Pfaff 相信"德国制造"，也就是生产缝纫机的所有零部件均在德国生产和组装，导致其生产成本较高。第二，由于 Pfaff 专注于高端产品，因此失去了标准及中端产品的客户群。此外，反复的破产程序打击了客户对 Pfaff 的信心，重要的开发工程师也已经离开了公司。

在 Pfaff 第三次破产后，上工集团决定收购 Pfaff。上工集团与 Pfaff 工会协商，收购之后只解雇 60 名员工。某些关键零部件的生产将搬迁到 DA 在捷克和罗马尼亚的工厂，而 Pfaff 的销售渠道将与 DA 的销售渠道结合。

表面上，上工集团只是象征性地支付了 1 欧元给 Pfaff。然而，上工集团前后为 Pfaff 投资了 2 410 万欧元，包括 1 000 万欧元用于偿还银行贷款（公司原来的债务是 2 000 万欧元，但银行同意重组为 1 000 万欧元），150 万欧元作为 Pfaff 的运营资本，250 万欧元用于补偿下岗工人，460 万欧元用于 Pfaff 在中国太仓的工厂和在南亚的销售网络，还有 550 万欧元作为发展基金。[32]

KSL Keilmann

同时，上工集团还将收购目标瞄准了 KSL。KSL 是一家成立于 1964 年的家族企业，是世界上唯一的 3D 缝纫技术供应商。张敏认为 KSL 是"缝纫机行业的隐形冠军"。KSL 的全自动缝纫机可以为专业化的应用提供定制化的解决方案，例如汽车的安全气囊和用于机翼的碳纤维。此外，KSL 的缝纫机可以在装饰方面进行定制模式的缝制，如豪华汽车的内饰。张敏认为，KSL 的技术在航空航天、风能以及高铁和地铁等交通行业的应用拥有巨大的潜力。

然而，KSL 由于缺乏资金而面临瓶颈。KSL 没有广泛覆盖的销售网络，大多数销售都是靠回头客。同时期有几家公司对收购 KSL 感兴趣，但是 KSL 的经理与潜在的收购公司谈判之后，最后选择将 KSL 出售给上工集团，因为上工集团曾经成功地收购了 DA。上工集团支付 1 850 万欧元用于购买 KSL 的全部所有权，其中 1 295 万欧元是预先支付的，剩余的 555 万欧元两年后支付。KSL 的技术人员被认为是公司最有价值的资产，因此上工集团为其提供了慷慨的人才保留计划。KSL 原先的所有者仍然参与公司的领导。

2013 年的挑战

继 2013 年的两次收购之后，上工集团成为全球缝纫机行业的主要参与者，拥有多种工业缝纫机的尖端技术和全球性的销售网络。然而，上工集团在整合收购公司、加强在中国市场的领导地位以及在全球扩张过程中寻找下一个收购目标方面也面临着新的挑战。

将 Pfaff 和 KSL 与 DA 整合

在收购之前，DA 与 Pfaff 之间已经竞争 150 年了。整合这两家竞争对手公司的研发、生产和销售是一个挑战。收购 Pfaff 的部分动机来源于与 DA 潜在的运营协同效应。然而，DA 和 Pfaff 的员工对各自的品牌感到骄傲。他们的工程师认为，价值链的控制对维持产品的质量至关重要。如何实现两个竞争对手之间的协同效应？此外，专业化的制造商 KSL 如何为 DA 和 Pfaff 带来互补效应？

这带来了一系列的运营挑战。例如，应该如何布局上工集团的四个行业品牌 DA、Pfaff、KSL 和上工，使其服务不同的细分市场，而不是相互蚕食？应该如何在全球协调研发、采购和生产？应该在多大程度上整合美国、欧洲和中国的销售子公司和销售渠道？整合也带来了关于组织架构的问题：到目前为止，上工（欧洲）一直是上工集团的德国子公司的金融控股公司，它是否应该在三家收购公司的整合中发挥积极的管理作用？如果是这样，那么应该如何构建管理团队来有效地领导其德国子公司？

加强在中国的领导地位

收购 DA 之后，上工集团也期望能够增强自己的研发能力。与 DA 之间的合资制造公司失败后，上工集团认为研发中心不能搬迁到上海。张敏评论说：

> 虽然产品是在中国制造的，但不是在中国创造的。中国人不能很快掌握研发。（作为）大股东，我们可以将技术带到上海。然而，这无异于杀鸡取卵。我在中国建立了自己的研发团队，在德国研发团队的监督下开展支持性的研发工作，以逐步增强其研发能力。中国的研发团队可能还需要十年时间才能赶上德国同行。

然而，在拥有德国的研发中心和中国的市场后，张敏还觉得有必要寻找新方法为当地市场开发足够好的产品。由于亚洲的工作时间、气候条件和电力供应与德国不同，德国的研发团队需要在中国和东南亚"足够好"的市场下设计具有"当地特色"的产品。然而，很少有研发团队愿意到中国现场了解客户的需求。此外，张敏在使用 DA 的技术振兴"上工"这个中国品牌时也面临着政治压力。采用同样的技术，中国品牌的产品一般来说比 DA 品牌的产品价格低 30%。张敏应该如何开发德国的品牌，以更好地适应中国市场的需求？又该如何利用上工品牌来填补利基市场，同时不破坏德国品牌的价值？

雄心勃勃的新目标

张敏未来的目标是实现 100 亿元人民币的年收入,并在未来十年内成为全球领头羊。他考虑收购另一家缝纫机行业的公司并获得另一个核心的战略股东(例如私募股权投资者)的可能性。在中国,上市的民营企业中捷(Zoje)、杰克(Jack)和方正电机(Founder Motor)在国内的缝纫机行业中占据着强势地位,因此是潜在的收购目标。在全球范围内,欧洲和美国的一些高绩效公司也在张敏下一步收购的考虑范围内。

注释

1. 中文名称为"上工申贝",在英文中该公司以缩写 SGSB Group 为人所知,后改为 SGG,为方便阅读,本文使用 SGG。
2. 截至 2015 年 5 月 26 日,1 元人民币 = 0.15 欧元。
3. SGSB Group Co., Ltd., "Annual Report 2004," April 27, 2005, http://globaldocuments.morningstar.com/documentlibrary/document/07db9baab41445af.msdoc/original, accessed May 7, 2014, p. 3.
4. Wind Information Co., Ltd., "SGSB Group Annual Report 2005," Wind Database, accessed May 7, 2014.
5. O. Bönig, "Nobody Trusted Us at That Time: Interview with Zhang Min, Chairman & CEO, SGSB (Group) Co. Ltd," *M&A Dialogue*, August 17, 2013, www.ma-dialogue.de/unternehmen/fallstudien/nobody-trusted-us-at-that-time, accessed August 26, 2015, pp. 42–43.
6. Dürkopp Adler AG, "Annual Report 2004," April 5, 2005, https://www.duerkopp-adler.com/de/main/investor/business_report.html, accessed August 26, 2015.
7. S. Sohm, B. M. Linke and A. Klossek. "Dürkopp Adler and ShangGong Hold-

ing: Fit for the Future Together," *Chinese Companies in Germany: Chances and Challenges*, www.gtai.de/GTAI/Content/CN/Invest/_SharedDocs/Downloads/Studies/chinese-companies-in-germany.pdf, accessed September 28, 2015, pp. 16-27.

8. Dürkopp Adler AG, "Geschäftsbericht 2002," May 6, 2003, https://www.duerkopp-adler.com/export/sites/duerkoppadler/commons/download/download-text-attachments/DA_GB2002.pdf, accessed August 26, 2015.

9. Sohm, Linke and Klossek, op. cit.

10. 正式名称为人民币特种股票，这些股份在中国的上海证券交易所和深圳证券交易所交易。

11. 如果上工集团收购了DA超过95%的股权，将DA摘牌退市，那么上工集团需要支付600万欧元的财产税。截至2015年5月27日，1欧元＝6.75元人民币。

12. Bönig, op. cit.

13. Sohm, Linke and Klossek, op. cit.

14. Ibid.

15. Dürkopp Adler AG, "Geschäftsbericht 2009," April 12, 2010, https://www.duerkopp-adler.com/export/sites/duerkoppadler/commons/investor/downloads/DA_GB_2009_DE.pdf, accessed September 29, 2015; Dürkopp Adler AG, "Geschäftsbericht 2010," March 18, 2011, https://www.duerkopp-adler.com/export/sites/duerkoppadler/commons/investor/downloads/DA_GB_2010_DE.PDF, accessed August 26, 2015.

16. Sohm, Linke and Klossek, op. cit.

17. Bönig, op. cit.

18. Sohm, Linke and Klossek, op. cit.

19. J. Klöckner, "Freunde in der Krise," Zeit Online, February 21, 2013, www.zeit.de/2013/09/Chinesen-Unternehmen-Duerkopp-Adler, accessed August 26, 2015.

20. Dürkopp Adler AG, "Geschäftsbericht 2011," 2012, www.duerkopp-ad-

ler. com/export/sites/duerkoppadler/commons/investor/downloads/DA_GB_2011_DE. pdf，accessed August 26，2015.

21. Sohm，Linke and Klossek，op. cit.

22. Ibid.

23. Klöckner，op. cit.

24. Ibid.

25. Ibid.

26. Sohm，Linke & Klossek，op. cit.

27. Dürkopp Adler AG，"Geschäftsbericht 2009，" op. cit.

28. Ibid.

29. Klöckner，op. cit.

30. Ibid.

31. Pfaff 也是家用缝纫机的知名品牌，但是被另一家公司持有其家用缝纫机的商标权。Pfaff 仅有权使用工业缝纫机的品牌。收购 Pfaff 时，上工集团仅收购了 Pfaff 的工业缝纫机品牌。

32. 太仓工厂在之前的破产程序中被卖给一个投资者，后来在另一次交易中被上工集团收购。

第3章

北京汽车集团有限公司收购瑞典萨博汽车公司的机会

本案例由 Yang Wang 和 Ma Chunguang 在 Simon C. Parker 教授的指导下撰写。本案例仅作为课堂讨论材料，作者无意暗示某种管理行为是否有效。作者对真实姓名等信息进行了必要的掩饰性处理。

未经 Richard Ivey School of Business Foundation 书面授权，禁止任何形式的复制、收藏或转载。本内容不属于任何版权组织授权范围。如需订购、复制或引用有关资料，请联系 Ivey Publishing, Richard Ivey School of Business Foundation, The University of Western Ontario, London, Ontario, Canada, N6G0N1; Phone: (519) 661-3208; Fax: (519) 661-3882; E-mail: cases@ ivey. ca。

Copyright © 2015, Richard Ivey School of Business Foundation

版本：2015-06-09

北京汽车集团有限公司（简称北汽集团）是一家总部位于北京的中国国有汽车制造商。2009年秋天，北汽集团的首席财务官马传骐，坐在办公桌前权衡着一个令人关注的新机会。瑞典高档汽车制造商萨博汽车公司的所有者通用汽车公司，已经表明可能向北汽集团出售一部分公司股权的意向，并且允许其获得部分知识产权和生产设备。

中国企业对西方技术渴求已久，对于北汽集团来说，这似乎是一个获取知识产权以及创立自主品牌的绝好机会。然而，马传骐对这一机会保持谨慎态度。一个陷入困境的欧洲汽车制造商的股权价值是不确定的，尤其是在经济衰退势头强劲之时。就知识产权的价值而言，他不确定北汽集团是否具备使用和学习新技术的能力，从而创造真正的价值。他还意识到，汽车制造领域的技术变革十分迅速，因此北汽集团面临着购买"过时技术"的风险。并且，与其他中国汽车行业高管一样，马传骐对之前一桩备受瞩目的收购——上海汽车集团收购韩国双龙汽车公司颇有感触，这一收购以失败和相互指责告终。

在许多西方公司眼中，首席财务官在管理财务风险和向首席执行官以及董事会报告财务数据方面，发挥着重要作用。北汽集团和许多其他中国公司的首席财务官，则扮演着与首席执行官共同决策的角色。因此，马传骐的决定对于和通用汽车的谈判具有至关重要的影响。

北汽集团及其行业背景

北汽集团是一家国有企业,且是多家中国汽车和机械制造商的控股公司。它成立于1958年,总部设在北京。北汽集团已发展成为集汽车研发、汽车零部件制造、汽车服务和贸易、金融、通用航空业务于一体,以汽车制造为核心业务的现代化综合性汽车企业。图1展示了北汽集团2009年的品牌和合作伙伴。

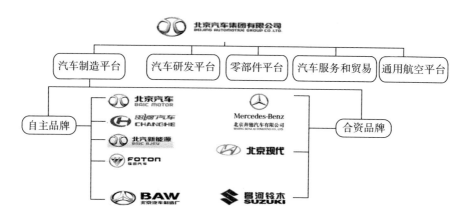

图 1　北汽集团的品牌和合作伙伴

注:图1展示为2009年北汽集团的品牌和合作伙伴,后有所变化。

资料来源:北汽集团内部文件。

北汽集团在中国从事汽车和零部件制造,生产越野车、军用越野车、轻型卡车、重型卡车、公共汽车和其他名牌产品。商用或重型车辆约占其产量的30%。北汽集团也提供汽车贸易服务。2009年,北汽集团汽车产量超过124万辆,是中国第五大汽车制造商。

北汽集团与外国汽车制造商的合资公司如下:

- 北京现代汽车有限公司。它由北京汽车投资有限公司和韩国现代自动车株式会社共同出资设立，合资比例为50∶50，自2002年以来为中国市场生产现代品牌的汽车。当时专为中国市场设计的新车型尚未出现。
- 北京奔驰汽车有限公司。它是北汽集团于1984年与德国汽车制造商戴姆勒股份公司、戴姆勒大中华区投资有限公司合资成立的公司。业务范围涵盖汽车研发、发动机和整车生产销售以及售后服务。北京奔驰汽车有限公司生产梅赛德斯-奔驰长轴距E级、长轴距C级和GLK级汽车。[1]

2009年，中国汽车工业的单位生产量跃居世界第一，超过了欧盟和美国。[2]中国品牌生产的汽车量占汽车销量的45%，其余部分与外国汽车制造商合资生产。2009年，北汽集团成为中国第五大汽车制造商，与上海汽车集团股份有限公司、中国第一汽车集团有限公司、广州汽车集团股份有限公司、东风汽车股份有限公司和长安汽车集团股份有限公司同台竞争。表1展示了2009年中国主要汽车制造商的销售量和市场份额数据。

表1 2009年中国主要汽车制造商的销售量和市场份额数据

制造商	销售量（辆）	增长率（%）	市场份额（%）
上海汽车集团股份有限公司	2 705 500	57.2	19.8
中国第一汽车集团有限公司	1 944 600	26.9	14.3
东风汽车股份有限公司	1 897 700	43.7	13.9
长安汽车集团股份有限公司	1 869 800	117.1	13.7
北京汽车集团有限公司	1 243 000	61.1	9.1
广州汽车集团股份有限公司	606 000	15.3	4.5
奇瑞汽车股份有限公司	500 300	40.5	3.7
比亚迪股份有限公司	448 400	162.4	3.3

（续表）

制造商	销售量（辆）	增长率（%）	市场份额（%）
华晨汽车集团控股有限公司	348 300	22.1	2.6
吉利汽车集团有限公司	329 100	48.4	2.4

资料来源：作者根据相关资料整理。

尽管2009年中国也开始促进汽车出口，但中国生产的汽车大部分是在国内销售的。2002年至2007年间，中国汽车市场销售量平均增长24.7%，2007年汽车销售量同比增长157万辆。2009年，中国汽车产量为1 379万辆，其中乘用车1 038万辆，商用车341万辆。2009年，中国上路登记的汽车（轿车、公共汽车、货车、卡车）数量达到6 200万辆。[3]庞大的国内市场为北汽集团等汽车制造商提供了坚实而稳定的发展基础。

中国规划的汽车生产领域目标是打造满足国内需求且具有全球竞争力的汽车公司。实现这一目标的一个重要步骤是获得西方公司的技术支持。西方公司历来会谨慎地保护自己的知识产权，通常只同意通过严密监控的合资公司与中国汽车制造商合作，以此来保护知识产权。许多西方国家对外国公司仿造他们的产品和产品设计具有极高的敏感性。[4]尽管一些技术转让已经发生了，例如，2005年7月南京汽车集团以5 300万英镑收购了英国汽车制造商罗孚集团，但这种情况相对较少。

中国汽车制造商最声名狼藉的收购案例是2004年上海汽车集团对韩国双龙汽车公司的失败收购。上海汽车集团以约5亿美元购买了韩国双龙汽车公司48.92%的股份，并于2005年获得大股东地位。然而，两家公司签署的技术转让协议并没有实现，上海汽车集团被指控窃取了韩国双龙汽车公司的技术，与原协议背道而驰。上海汽车集团最终停止了对双龙汽车公司的投资，后者最终在2009年1月接受破产保护。这次收购以激烈的争吵告终，此次失败归咎于文化差异、工会的阻碍力量和金融危机等各种因素。

获取瑞典萨博汽车公司知识产权的机会

2008年9月，雷曼兄弟公司的破产引发了全球金融海啸。2009年伊始，全球经济已进入大衰退阶段，尤其是世界汽车行业受到经济衰退的严重打击。早在2008年11月，美国三大汽车制造公司——通用汽车公司、克莱斯勒汽车公司和福特汽车公司向美国联邦政府提出请求500亿美元的救助计划，以避免破产。作为通用汽车公司的亏损子公司，萨博汽车公司尤其脆弱，该公司被正式挂牌出售。然而，与潜在买家的谈判很快陷入停滞。2009年中期，由于萨博汽车公司糟糕的财务前景和日益恶化的全球经济，主要竞标者科尼赛克汽车公司明确表示打算退出收购。

北汽集团曾是科尼赛克竞标项目的支持者之一，而这一竞标计划显然会落空，马传骐明白北汽集团处于有利的谈判地位。通用汽车公司迫不及待地要甩卖掉亏损的子公司，集中精力在美国的核心业务上，以抵御经济风暴。而随着欧洲汽车需求锐减，通用汽车公司无法承担萨博汽车公司的债务。与此同时，北汽集团急需核心技术来帮助其发展自主品牌。萨博汽车公司是一家小规模、高技术公司，它声称拥有和另一家瑞典汽车制造商沃尔沃汽车公司相近的发动机技术水平，而且它只简单地配备两条车型线，这将降低技术吸收难度。这些情况对北汽集团来说都非常有吸引力。此外，北汽集团通过国内银行融资，获得了低成本且充裕的资金，而且现金状况良好，这对通用汽车公司来说也有吸引力。随着西方国家股价暴跌，北汽集团有充足的机会以低价抢购资产。

通用汽车公司希望将萨博汽车公司全部出售给北汽集团，但对于转让知识产权设置了许多限制条件。如果不能整体出售萨博汽车公司，通用汽车公司愿意以非限制独家的方式出售萨博汽车公司 9-3 和 9-5 "凤凰"平台蓝图的使用权与部分生产设备。马传骐认为北汽集团有三个选择：一是仅购买知识产权的使用权；二是购买知识产权的使用权，并持有萨博汽车公司的股权；三是完全放弃这个机会。

有两个因素直接影响到最终的选择。第一个因素是对技术的吸收学习。如果北汽集团要获得新技术，就必须有能力正确使用它。这就要求其员工具有灵活性和改变的意愿，以便成功地适应传统的生产实践。实际上，北汽集团的员工需要再培训和重组，几乎相当于重新开始。虽然马传骐相信北汽集团和其他中国汽车制造商在这方面比许多西方公司更灵活、更愿意适应，但他也意识到，北汽集团面临的是缺乏可以做出必要改变来吸收和利用技术的员工。这需要能力上的另一次重大飞跃，才能进一步推动技术进步。

第二个因素是技术的寿命。北汽集团将购买近期的，但不是尖端的技术。即使员工成功掌握了这些技术，但等到那时，他们的竞争对手可能已经步入到更具创新性的设计阶段。此外，萨博汽车公司 9-3 和 9-5 设计在引入欧洲和美国市场时，一直被视为重大的商业失败。因此，这些设计很可能仅限于助力北汽集团建立自己的品牌，而要参与国际竞争，还需进一步学习和改进。尽管马传骐明白北汽集团学习和改进技术的能力是有限的，但如果北汽集团放弃了这一机会，它的竞争对手可能会抓住这一机会。从长远来看，这可能会对北汽集团更加不利。

北汽集团现金充裕，或许能够以非常低的价格收购萨博汽车公司的股份。萨博汽车公司拥有成熟的品牌和优质的经营，所面临的不景气可能只是暂时的，在更好的管理下，其未来的前景可能会更为乐观。

不过，马传骐也知道购买萨博汽车公司的股份存在风险。萨博汽车公司已经明确的负债为 4.5 亿欧元，如果欧洲开发银行同意为其新产品线的研发支出提供资金，它的负债将增至 12.5 亿欧元。为此，北汽集团需要大量投资来弥补销量下滑的情况。此外，如果北汽集团让萨博汽车公司继续运营，它将背负一个不具竞争力的成本结构，而且可能会发现，或许让萨博汽车公司破产并在甩卖中获得知识产权更容易。在上海汽车集团收购韩国双龙汽车公司失败的事件中，也出现了类似的情况。在韩国强大的工会支持下，被收购公司的员工们不愿改变工作方式，上海汽车集团则在转让知识产权问题上陷入了旷日持久的斗争。虽然出售萨博汽车公司股份并将专有技术带离北汽集团无疑符合通用汽车公司的利益，但北汽集团是否接受还不太清楚。

马传骐也必须考虑北汽集团愿意付出怎样的价格。一些西方公司的首席执行官似乎认为中国买家几乎愿意为获得国外技术付出任何价钱。尽管这是一个错误的认知，但如果北汽集团开始向通用汽车公司报价，这一认知将会使谈判复杂化。他必须先计算出知识产权对北汽集团的价值，并给出一个公平的报价。他还必须决定北汽集团是否要购买萨博汽车公司的股份，如果要购买，又以什么价格，购入多少股份。萨博汽车公司自 2000 年以来一直没有独立发展，因此没有明确的价格基准可以作为起始点。然而，如果假设除了转让的技术，萨博汽车公司品牌还有一些剩余价值，那么可以提升对萨博汽车公司的部分所有权的报价。马传骐还必须考虑北汽集团约 15% 的内部收益率。

马传骐也可以放弃收购萨博汽车公司，转而提升北汽集团的研发能力，努力发展自己的品牌。2009 年，北汽集团年研发成本约为 10 亿元人民币。根据中国汽车技术中心未公开的估计，[5] 自主品牌的发展需要大量的研发投入，需要五年以上的研发时间，每年额外投入 6—8 亿元人民币。除这些成本外，还需要约10亿元人民币换取外国公司的帮助。额外的开发和技术成本总计将超过12亿元人民币。显然，自主品牌之路的代价高昂，而且无法保证这一战略会成功。

决策时刻

马传骐担心的是如何维护自己在北汽集团的良好声誉，以及北汽集团在汽车行业乃至整个中国的声誉。继续购买知识产权并持有萨博汽车公司的股份是一场赌博。如果这场赌博成功了，将提升自己和北汽集团的声誉。但是，如果这场赌博失败了，他和北汽集团不仅会声誉受损，还会损失大量钱财，并且浪费精力。

马传骐理了理他的领带，走进北汽集团董事会的会议室。他对如何做已经有了结论，现在他必须给公司的总裁和董事会解释并论证这一点。通用汽车公司已经在向其他竞标者兜售萨博汽车公司，如果北汽集团想要拿下这个机会，就不能再浪费时间了。

注释

1. E级是梅赛德斯-奔驰自1993年以来生产的商务用车系列；C级是同一公司生产的小型商务用车系列；GLK级是在2008年投入销售的紧凑型豪华跨界运动型多功能汽车。长轴距型扩展了汽车的乘客座位，以此创造更多的空间环境。
2. "More Cars Are Now Sold in China than in America," *The Economist*, October 23, 2009, www.economist.com/node/14732026/, accessed November 18, 2014.
3. "How Many Cars Are There in China?" China Auto Web, http://chinaau-

toweb. com/2010/09/how-many-cars-are-there-in-china/, accessed November 18, 2014.
4. David Brierly,"Road Rage in the West as Copycat Cars from China Start to Make Their Marque Overseas," The Independent, September 9, 2007, http://web. archive. org/web/20100422210528/www. independent. co. uk/news/business/news/road-rage-in-the-west-as-copycat-cars-from-china-start-to-make-their-marque-overseas-401770. html, accessed November 18, 2014.
5. 北汽集团内部文件。

第4章

安赛乐米塔尔(1)

本案例由 R. Chandrasekhar 在 Jean-Louis Schaan 教授的指导下撰写。本案例仅作为课堂讨论材料，作者无意暗示某种管理行为是否有效。作者对真实姓名等信息进行了必要的掩饰性处理。

未经 Ivey Management Services 书面授权，禁止任何形式的复制、收藏或转载。本内容不属于任何版权组织授权范围。如需订购、复制或引用有关资料，请联系 Ivey Publishing, Ivey Management Services, c/o Richard Ivey School of Business, The University of Western Ontario, London, Ontario, Canada, N6A3K7; Phone：(519) 661-3208; Fax：(519) 661-3882; E-mail：cases@ ivey.uwo.ca。

Copyright © 2010, Ivey Management Services

版本：2010-04-13

2006年8月中旬，总部位于荷兰鹿特丹的全球最大的钢铁制造商米塔尔钢铁公司（简称米塔尔）的集团董事（负责持续改进业务）比尔·斯科汀（Bill Scotting）关掉了自己的手机，他知道临时改变休假计划并不是现在最应该担心的问题。斯科汀刚刚一直在和杰尔姆·格兰布兰（Jerome Granboulan）通话。格兰布兰是总部位于卢森堡的全球第二大钢铁制造商安赛乐钢铁集团（简称安赛乐）的执行副总裁（负责可持续发展业务），通话时他也正在度假，并且假期同样要提前结束了。

2006年年初，米塔尔主动向安赛乐发出收购要约。两家公司董事会的谈判已经僵持了半年多时间，其中还牵扯到数个国家的中央政府。安赛乐董事会最终同意了所谓的"平等合并"。同年6月25日，两家公司签署了备忘录，由此合并成了全球最大的钢铁公司。在卢森堡举行的一场新闻发布会中，两家公司对此次合并的关键信息进行了披露。一方面，两家公司管理层所面临的压力有所缓解；另一方面，新的压力正蓄势待发。

合并准则

格兰布兰和斯科汀此前已经分别接到了拉克希米·米塔尔（Lakshmi Mittal）打来的私人电话。拉克希米·米塔尔曾经是米塔尔钢铁公司的董事长兼首席执行官，合并后出任安赛乐米塔尔公司的总裁，同时也是新公司的董事会成员。

拉克希米·米塔尔宣称他将任命格兰布兰和斯科汀为联合主管，由二人负责领导此次安赛乐和米塔尔的合并工作。他还为二人提供了一些指导。根据拉克希米·米塔尔提供的指导原则，两位主管将严格按照集团管理委员会制定的框架，在未来6个月内完成此次合并。合并工作不能影响两家公司的日常经营活动，对业务增长的关注也丝毫不能松懈。预计此次合并将带来16亿美元的协同效应。

格兰布兰和斯科汀都是经验丰富的管理人员，他们对两家公司的业务及组织结构都有深入的了解。此前二人也都在各自的公司内参与过并购的相关工作。斯科汀是米塔尔指导委员会的一员，而并购安赛乐的前期准备工作正是由该委员会完成的。他还负责了应法国政府要求提交的行业计划，该计划对米塔尔此次合并行为的战略依据进行了概述。格兰布兰是钢铁行业不断逐步整合的亲历者，他在安赛乐领导了三次连续发生的并购项目——两次作为业务板块的负责人，一次作为主要职能部门的负责人。

格兰布兰和斯科汀很快就意识到了摆在他们面前的任务的艰巨性。眼前的这次合并与以往他们在各自公司内参与的项目都不同。这一次的合并规模更大，合并后的公司将跻身全球百强企业，员工数量达32万人，业务覆盖60多个国家（和地区），每年总营收可达百亿美元，因此，对相关文件的要求也会更高。在过去的6个月里，媒体一直在追踪双方的一举一动。现在，媒体将监督两家企业的合并进程，这不仅引起了公众对于此次交易的兴趣，而且引发了一场关于交易中实质性问题的激烈的公开辩论。格兰布兰和斯科汀一致认为，此次合并比以往的任何一次合并都更需要生产线管理人员的支持：合并成功的一个关键因素就是全球范围内的生产线管理人员能够接受运营团队提出的一体化的概念和想法。此次合并与以往的合并活动的最大区别在于，这一次只有6个月的时间，他们必须在

6个月内完成一体化进程。对于如此规模的公司而言,这是一个前所未有的挑战。

格兰布兰和斯科汀还意识到,从战略意义上来讲,安赛乐与米塔尔合并的战略动机是为了实现增长,而不是为了业务重组。两家公司的业务是互补的,只有少量重叠。企业在整合过程中通常会出现的困难在此次合并中并不会遇到。

因此,在8月31日于卢森堡进行的一次私人会面中,格兰布兰和斯科汀很快就以下三点重要事项达成共识:整合小组的构成、此次整合的路线图及如何实现协同效应。

钢铁行业

钢铁是基础产业使用的主要原料,这些基础产业包括汽车、建筑和运输业等。正如人们常说的:"发展中经济体靠钢铁来维持。"在许多国家,大部分钢铁资源都掌握在政府手中。通常来说,市场对钢铁的需求是周期性的,不仅因为钢铁需求的变化与目标行业的周期性发展趋势相关联,更重要的原因是,供求活动中发生的任何细微的变化都会放大对钢铁价格和行业利润的影响(见图1)。钢铁产品有两种类型:一种是长材(例如棒材、锻钢),通常作为通用商品直接出售,广泛运用于建筑行业;另一种是板材(例如薄板、厚钢板、钢管),通常被认为是增值产品,广泛运用于汽车和家电行业。

自19世纪90年代,炼钢一直采用两步法:先在鼓风炉中加热焦煤,将铁矿石转化为铁水,再用平炉(炼钢炉)将铁水炼成钢材。因为炼钢的过程需要持续不断地补充原材料,因此一些钢铁生产商开始开采煤炭或铁

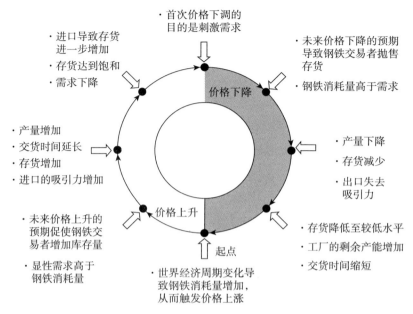

图 1　钢铁价格的周期性循环

资料来源：Breaking the Stalemate：Value Creation Strategies for the Global Steel Industry，Boston Consoulting Group，Boston，July 2002，p.2，http://www.bcg.com/documents/file13970.pdf，accessed November 12，2009。

矿石，或者在两者兼而有之的地方进行后向一体化发展。20世纪60年代电弧炉的出现为钢铁行业创造了一种新的商业模式，钢铁企业生产能够被重复循环使用的环境友好型产品，将钢材本身的质量作为企业的战略优势。电弧炉（通过运用烧结等工艺）不仅节省了使用鼓风炉时投入在原材料上的巨额成本，而且也减少了对鼓风炉本身的需求。较低的资本投资使得小型私营企业出现，它们就是大家所熟知的短流程钢厂。尽管最终产品的质量比不上鼓风炉生产的钢材，但电弧炉使钢铁生产更快、更经济。自此，两种钢铁制造模式并存，且一直保留到今天。

到20世纪70年代，伴随着经济繁荣和萧条的交替，钢铁产业普遍面临着低增长、产能过剩和价格下跌等问题。与此同时，政府开始对长期以来所奉行的国家财富依赖于钢铁产量的信条失去信心。相反，它们更愿意将这些综合钢铁企业出售给渴望全盘收购它们的私人企业家。

2003年，全球钢铁产量达到破纪录的9.6亿吨，钢铁需求也在不断增长。增长的需求主要来自中国和其他新兴市场，例如印度。当时，钢铁的最终售价平均达到每吨650美元，这对制造商而言是有利可图的，而且利润率也在不断上升。到2005年，中国成为全球最大的钢铁生产国，也是全球首个钢铁年产量超过2亿吨的国家。同时，中国也是最大的钢铁消费国，2005年消耗量达3亿吨。相比之下，发达国家市场的钢铁生产和消费量几乎没有任何增长。

在激烈的竞争环境下，钢铁制造商们纷纷聚焦在以下几项重要的竞争领域：获得低价原材料，改善生产技术，降低人工成本和物流成本。对于美国和欧洲的钢铁制造商而言，未来增长的关键点在于，在附近有铁矿石和煤矿资源、人力成本相对较低的新兴市场建立工厂，并保障生产。钢铁产业原本是一个本土化的产业，但由于上述情况的发生，第一次出现了全球化发展的需求。

然而，钢铁产业是一个相对分散的行业。没有一家公司的年产量能达到1亿吨，这个令人垂涎的目标相当于全球钢铁产量的10%。如果行业内只存在少量几家规模较大的企业，那么钢铁产业就能够在保障产业规模的同时改善市场业绩。受到供求关系波动的影响，一个商品化的产业总是会出现不稳定的周期性波动，而全球化和合并都被视作能够帮助钢铁企业"走出黑夜"的灵丹妙药。尽管钢铁制造商们普遍认识到产业内合并的必要性，但是大规模且在全球范围内都能实现有效经营的大企业之间，都不怎么愿意互相合并。

唯一的例外是前述的两家企业——米塔尔和安赛乐。米塔尔和安赛乐的业绩非常接近（见表1），它们都密切关注着对方的一举一动。两家企业本身都是一系列收购活动的产物；因此，两家公司的管理人员都非常熟悉

跨国并购后的整合：有效规划的案例

企业合并的相关流程，而在这个正处于变革的风口浪尖的产业，他们的合并经验都是企业竞争优势的来源。

表 1　2005 年全球钢铁制造企业 20 强

2005 年排名	公司	国家	粗钢产量（百万吨）	
			2005 年	2004 年
1	米塔尔钢铁公司	荷兰	63.0	42.8
2	安赛乐钢铁集团	卢森堡	46.7	46.9
3	新日本制铁公司	日本	32.0	32.4
4	浦项钢铁集团	韩国	30.5	30.2
5	日本钢铁工程控股公司	日本	29.9	31.6
6	宝钢集团	中国	22.7	21.4
7	美国钢铁公司	美国	19.3	20.8
8	纽柯钢铁公司	美国	18.4	17.9
9	康力斯集团	英国	18.2	19.0
10	里瓦集团	意大利	17.5	16.7
11	蒂森克虏伯集团	德国	16.6	17.6
12	唐山钢铁集团	中国	16.1	7.1
13	耶弗拉兹集团	俄罗斯	13.9	13.7
14	盖尔道美洲钢铁公司	美国	13.7	14.6
15	谢韦尔钢铁公司	俄罗斯	13.6	12.8
16	住友商事株式会社	日本	13.5	13.0
17	印度钢铁管理局公司	印度	13.4	12.1
18	武汉钢铁集团	中国	13.0	9.3
19	鞍山钢铁集团	中国	11.9	11.3
20	马格尼托哥尔斯克钢铁公司	俄罗斯	11.4	11.3

资料来源："Top steel producers 2008," World Steel Association. www.worldsteel.org/steelinfigures/topsteelproducers, accessed September 25, 2009。

2005年全球钢铁产业的发展状况并不乐观。2004年的过度生产导致许多钢铁消费市场在2005年年初都出现了供给过剩的现象。因此，北美和欧洲的制造商在这一年都削减了产量（见表2）。其中，米塔尔是首家减产的钢铁企业，2005年第三季度减产100万吨。

表2 世界钢铁产量（2002—2005年）

单位：百万吨

	2002年	2003年	2004年	2005年
欧洲	308.5	319.4	338.6	331.5
北美洲和中美洲	122.9	126.2	134.0	127.0
南美洲	40.9	43.0	45.9	45.3
亚洲	394.9	442.4	508.7	583.8
其他地区	36.6	38.1	39.3	41.8
总产量	903.8	969.1	1 066.5	1 129.4

资料来源：Arcelor NV Annual Report 2005, p. 33。

米塔尔和安赛乐的合并迎合了跨国市场的需求。两家领导型企业合并后，钢铁产业全球化和合并的趋势发展到了高潮。但是该产业面临的根本危机并未改变。

为数不多的顶级客户占据了下游制造业（如汽车行业）的主要份额。例如，2006年全球42.3%的汽车产量来自四家公司：通用汽车公司、丰田汽车公司、福特汽车公司和大众汽车公司。[1]与此同时，钢铁产业的上游供应产业也正在进行合并。全球约40%的铁矿石原料由三家公司提供：巴西的淡水河谷、英国的力拓以及澳大利亚的必和必拓。废钢供应商也正在形成规模更大的企业集团。[2]铝和塑料等替代品在偏爱轻质材料的消费者群体中也越来越受欢迎。

钢铁产业的关键成功要素和价值增值来源都将发生变化。钢铁制造商需要更加贴近消费者,尤其是要关注原始设备制造商(Original Equipment Manufacturing,OEM)即代工业务部门。这些部门通常专注于开发顾客解决方案,以及获取与新型原材料和产品零部件有关的设计工艺。钢铁制造商新的首要任务是价值链的优化与提升,从生产适用于所有需求的产品向为满足特定需求的定制化产品转变,从生产钢铁产品向制造能够直接用于流水线作业的高品质钢材转变,从简单地销售钢铁向提供一系列技术支持服务转变。

米塔尔

拉克希米·米塔尔曾在伊斯帕特(Ispat)公司实习。该公司是米塔尔家族于1963年在印度东部创立的一家轧钢厂。1969年从加尔各答大学商贸专业毕业后,拉克希米·米塔尔在伊斯帕特公司工作了6年。1975年他搬到印度尼西亚泗水,并于1977年建造并办了一家钢铁厂。1978年,钢铁厂全年的钢铁产量为26 000吨,创造了1 000万美元的收入和100万美元的利润。

截至1989年,泗水的钢铁年产量已经增长至33万吨,同年,拉克希米·米塔尔开始实施他的第一次扩张计划。他以先租赁、后收购的方式合并了特立尼达和多巴哥的国有钢铁公司。随后又在1992—1995年收购了墨西哥、加拿大和哈萨克斯坦的三家国有钢铁企业和一家德国私营钢铁企业。

1997年,伊斯帕特公司在纽约和阿姆斯特丹的证券交易所进行了首次公开募股,以7.76亿美元的价格出售了20%的股票。1997年,该公司的收入接近25亿美元,利润为1.4亿美元。接下来,该公司又展开了一系列的收购行动：1997年，收购了德国钢铁制造商蒂森公司（Thyssen）的长材业务；1998年，收购了美国第四大钢铁制造商内陆钢铁公司（Inland Steel）；1999年，收购了法国联合金属集团（Unimetal）。

2004年，伊斯帕特公司收购了LNM控股公司，并与美国国际钢铁集团（International Steel）合并，成立了米塔尔钢铁公司，总部设于鹿特丹。2005年，米塔尔购买了湖南华菱管线36.67%的股份，从而成为首个在中国开展钢铁制造业务的外资企业。年产能为850万吨的华菱管线是中国当时的钢铁制造商十强之一。同样是在2005年，米塔尔又在一次公开拍卖中收购了乌克兰最大的钢铁制造商克里沃罗格钢铁厂（Kryvorizhstal），并与利比里亚政府签订了授权米塔尔在当地开发铁矿石资源的矿产开发协议。

此时，米塔尔已经是全球体量最大的钢铁制造商，装机产能总额达到7 000万吨。2005年，米塔尔销售收入总额超过281亿美元，营业利润约为47亿美元，净利润约34亿美元。截至2005年12月31日，公司结存现金余额超过20亿美元。截至2005年年底，米塔尔拥有31家钢铁厂，分别分布于北美、欧洲、亚洲和非洲的16个国家（和地区）；雇佣员工22.4万名；客户数量达5 000家，遍布全球150个国家（和地区）。

米塔尔的成功离不开以下战略基础，即"企业规模化、高产量、纵向一体化、产品多样性、高价值产品的持续增长以及明确的客户导向"。[3]在企业的发展过程中，这一战略始终伴随着企业的每一次行动。拉克希米·米塔尔曾说过，米塔尔的战略目标就是要成为"在每个市场上都能将成本降至最低水平的钢铁制造商"。[4]

米塔尔旗下经营着许多分公司，这些分公司都由中心负责人进行管理。除了位于鹿特丹的企业中心，米塔尔按照地理位置将旗下业务部门划分为美洲地区、欧洲地区和亚非地区三个部分。

截至2006年，米塔尔已经在行业内建立起了自己的竞争优势：（1）通过收购原材料供应商，米塔尔成功实现了上游一体化。公司生产活动所消耗的原材料中，50%的铁矿石、超过40%的煤和超过80%的焦炭都是自给自足的。（2）米塔尔的业务分布非常广泛，在全球四大洲（美洲、欧洲、亚洲、非洲）都设有分支机构。（3）米塔尔能够提供多样化的产品，产品组合包括板材和长材。（4）米塔尔已经在东欧和北美市场占据了主导地位。（5）米塔尔在全球范围内建立起了一支包含250人的骨干队伍。他们能够在集团的所有分公司间快速流动，为米塔尔提供最好的服务。

米塔尔的股票在纽约证券交易所和阿姆斯特丹证券交易所公开交易，公司的董事长和首席执行官通常由同一人出任。2006年年初，公司董事会共有9名成员，其中5人为独立董事。高管团队由28人组成，领导和管理集团内所有的业务单元、产品线及职能部门。每位高管都直接向董事长兼首席执行官或首席运营官报告工作。

由于米塔尔的大部分股份由米塔尔家族掌控，因此公司听命于几位主要的股东，本质上来说就是创始人和他的儿子。米塔尔是一个适应自由市场且运行良好的收购机器。它非常精明，也很熟悉市场规则，"在追逐目标时，公司能够在狭窄的道路上高速疾行"。[5]速度和远见是米塔尔基因里的印记。它的公司文化就是富有企业家精神、相信直觉和结果导向。

在并购的过程中，米塔尔有一套"价值计划"，能够为其所有的并购行动提供理论依据。这套计划着眼于增长，而增长又源自以下四个关键领域：（1）扩张棕色地带，在高增长领域去除低成本产能的发展瓶颈。（2）随着市场的发展优化增值组合。（3）在全公司持续不断地提升产量、降低成本；（4）发展和扩张低成本的矿业资产。米塔尔认识到各国的钢铁需求因经济发展水平不同而有所不同，因此力求为每个市场提供符合其需求的钢材。

安赛乐

安赛乐成立于2002年2月,由坐落于卢森堡的阿贝德钢铁公司(Arbed)、西班牙最大的钢铁制造商塞雷利(Aceralia)和法国于齐诺尔钢铁集团(Usinor)合并而成。上述三家欧洲企业通过整合它们的技术资源、产业资源和商业资源,来打造钢铁行业的全球领导者。根据波士顿咨询公司于2002年7月发布的产业报告,此次合并为安赛乐节省了大量的运营成本。每年节省的运营成本金额相当于上述三家企业销售额之和的2.3%。除此之外,合并后的4年间,安赛乐累计节省了1.2%的投资额。欧洲同等规模的钢铁企业在合并后创造出如此巨大的价值是非常罕见的。[6]

安赛乐采取了一系列进一步扩大增长的举措。例如:2002年,接管了巴西钢铁制造商图巴朗(Tubaruo);2003年,安赛乐分别与中国宝钢集团和日本新日本制铁公司(Nippon Steel)成立了合资企业;2005年,与俄罗斯谢韦尔(Severstal)钢铁公司成立了合资企业。

截至2005年年底,安赛乐已拥有11家一体化工厂和21家电弧炉炼钢厂,并且已经在市场上建立起了高附加值钢铁产品和钢铁解决方案供应商的企业形象。安赛乐是汽车产业、建筑产业、家用电器产业和包装产业的主要供应商,每年生产粗钢4 670万吨。截至2005年12月,安赛乐全年销售收入超过326亿欧元[7],营业利润为56亿欧元,净利润超过38亿欧元,年末现金结余47.65亿欧元。该公司在60个国家(和地区)雇用了96 256名员工,并定期重组业务以求精简。

安赛乐的理念是价值重于数量,公司的战略目标包含以下三层:在欧洲市场上保持竞争力;巩固其在欧洲以外的汽车钢材市场的地位;支撑巴西、俄罗斯、印度和中国（"金砖四国"）等新兴发展国家不断上升的钢铁消费水平。

安赛乐基于地理位置和产品组合的双重标准对旗下业务进行划分，它的主要业务部门包括欧洲地区的碳钢钢板业务、美洲地区的碳钢钢板业务、长碳钢业务、不锈钢业务以及钢铁解决方案和服务。

截至2006年，安赛乐已经通过内部改革在行业内建立起了自己的竞争优势：（1）安赛乐是全球汽车产业的主要钢铁供应商，能够满足该产业15%的钢铁需求。安赛乐推出的车身主动控制系统为汽车制造商提供了新的以钢铁材料为基础的解决方案，能够在减轻20%车身重量的同时增强汽车的安全性能。（2）安赛乐通过经营自己的分销网络实现了前向一体化，并在自己所处的市场上成为"本土"供应商，与消费者保持着密切的联系。（3）公司在高附加值产品领域占据着领导地位，尤其是在钢板产品领域。（4）在欧洲，安赛乐很好地整合了企业的经营活动；在南美，它保持着稳定的地区领导者地位；在亚洲的新兴市场，它成功生存了下来。2006年1月，安赛乐在与德国钢铁制造商蒂森的激烈竞争中获胜，成功接管加拿大钢铁制造商多法斯科（Dofasco），并借此进入北美市场。

安赛乐的股票在卢森堡证券交易所、布鲁塞尔证券交易所第一市场、巴黎证券交易所第一市场以及马德里、巴塞罗那、毕尔巴鄂和巴伦西亚证券交易所公开交易。安赛乐的股权结构较为分散：70.99%的股权在市场上自由流动，员工持有2.51%的股权，10.27%是库存股，5.94%的股权由卢森堡政府持有，10.29%的股权由初始的三家企业所有。[8]

安赛乐董事会由18名非执行董事构成，其中包括董事长在内的8人是独立董事，3人是职工代表。2006年1月，董事会任命包括首席执行官在内的四位高管组成了公司的管理委员会，负责管理整个企业。

因为股权非常分散，安赛乐的管理者和所有者的角色是分离的。董事长没有亲力亲为的责任，CEO 在董事会也没有职位。安赛乐的本质特点就是稳定发展、长远考虑和按部就班。企业内有一套严格执行的工作流程，以确保经营业务能够稳步提升。它也能够满足汽车行业对供应商所抱有的质量和可靠性的期待。公司体系在企业内占主导地位。员工必须严格按照流程作业，他们的行为都必须符合已有的实践标准。逻辑、学习和计划影响着企业的每一个商业决策，在适当的考虑之后，从更大的范围寻找安赛乐的目标领域。[9] 安赛乐的企业文化兼具流程驱动和以人为本的特征，从根本上来说就是要追求共识。

在合并的过程中，安赛乐制订了价值计划，展现了它独立经营时所能创造的价值。这是一个能够提升安赛乐独立经营的增长潜力的防御性计划。计划描述了最新的收购活动和稳定的业绩表现将如何刺激息税折旧及摊销前利润在 2005 年的基础上提升。该计划强调了安赛乐在钢铁行业中为客户提供范围广泛的优质产品和服务的领导者角色。

安赛乐米塔尔

2006 年 1 月 26 日，米塔尔向安赛乐的股东们提出，以每股 28.21 欧元的价格收购安赛乐，这个价格较安赛乐前一个交易日的收盘价有 27% 的溢价。其目标是"打造世界上第一个 1 亿吨以上的钢铁生产商"。[10] 这两家公司在各自运营期间不仅重塑了全球钢铁行业，还激发了金融市场对钢铁证券的兴趣。

当天，拉克希米·米塔尔在伦敦接受媒体采访时曾说：

> 过去十年我们见证了钢铁产业的快速整合，这种整合为所有的利益相关者创造了可持续的价值。米塔尔和安赛乐一直走在这一整合的

前沿，并且它们对钢铁产业的未来有着相似的愿景。此次合并将促进钢铁产业的整合过程，也将创造新的机会使我们都能从中获益。

安赛乐的董事会和管理层对此次报价的第一反应是：对方行动大胆而且充满敌意。当时，安赛乐正忙于处理企业的上一轮整合，也就是2001年促成安赛乐成立的那次合并，而且不久前它还收购了加拿大钢铁产业的领导企业多法斯科，两家企业的整合工作才刚刚启动。

在接下来的几个月里，安赛乐采取了一系列行动以阻止此次意料之外的收购报价。它为每股股票发放了1.2欧元的股利，希望借此拉拢股东们。同时，它求助于俄罗斯的谢韦尔钢铁公司，之前两家企业合作建立了一家合资企业，对外宣布了一项价值130亿欧元的合并计划。此外，安赛乐还就米塔尔的安全记录和管理流程提出了诸多疑问。

随着米塔尔向安赛乐报价的细节信息逐渐公开，法国政府和卢森堡政府都反对该交易。然而欧盟却对此表示赞同。印度政府（拉克希米·米塔尔持有的是印度护照）则认为安赛乐试图阻止此次收购的原因是欧洲民族主义。

在2006年6月26日的会议上，当米塔尔将报价提高至每股40.4欧元[11]时，安赛乐董事会同意了合并。在次日签署备忘录后，米塔尔吸纳了安赛乐94%的股份，这为立即启动组建新公司的相关工作提供了便利。合并后的集团被命名为安赛乐米塔尔，新集团的注册地和总部都设在卢森堡。米塔尔家族将持有43.4%的股份，安赛乐的股东们将持有50.5%的股份。

备忘录中约定，尽管合并程序正在进行，两家企业的决策机构仍保持它们的独立性，不论是机构的人员构成还是它们所参与的决策事项，都不互相干涉。每家企业的董事会都由18名董事构成：6人代表安赛乐，6人代表米塔尔，3人为职工代表，另外3人为大股东代表。安赛乐董事长约瑟夫·金希（Joseph Kinsch）将同时出任安赛乐董事长和米塔尔董事会主席。为了确保两家企业形成"镜像"的组织结构，米塔尔董事长拉克希米·米塔尔将兼任米塔尔董事长和安赛乐董事会主席。

根据备忘录的约定，企业治理流程的整合将从次日开始，为期3年，与财务合规性有关的工作将于2006年9月启动。新公司的股票将在卢森堡、纽约、布鲁塞尔、阿姆斯特丹和巴黎的证券交易所，以及马德里、巴塞罗那、毕尔巴鄂和巴伦西亚等西班牙市场进行公开交易。

备忘录的内容还涉及集团管理委员会（Group Management Board, GMB）的筹建，GMB将负责安赛乐米塔尔的日常管理工作。GMB于2006年8月成立，由董事会任命的多名高管人员组成，并且在必要时董事会可以进行新的任命。GMB将为两家企业的整合提供指导方针，由集团全体成员和其他20位高管组成的管理委员会将支持并协助GMB的相关工作。管理委员会负责对整个集团层面非常重要的事项做出决策。

合并后的安赛乐米塔尔钢铁年产量将达到1.1亿吨，占2005年全球钢铁产量的9.7%。合并后的企业并不存在垄断威胁，因为在钢铁产业，排名前十位的钢铁制造商的总产能仅占全球总产能的26%。十强企业中第一大公司的产能尽管是第二大公司的3倍，但在全球总产能中所占的份额仍不足10%。钢铁产业仍是一个相对分散的行业，依然存在整合空间。

2006年8月的议题

GMB提供了四项指导整合的准则：

1. 双重焦点。整合团队将专注于优化合并后的安赛乐米塔尔，而不是分别优化安赛乐和米塔尔两家企业。在此过程中，团队不仅要密切关注短期的现金流入，而且要关注长期的、旨在创造企业价值的基础性改进和提升工作。

2. 保持简单。整合将会是日常运营活动的无缝延伸。整合团队将使用两家企业现有的预算和计划周期来控制整合的时间进度。

3. 聚焦。整合将围绕四项"核心"流程进行，即编制预算和控制费用、资本支出计划、经营控制和人力资源。

4. 取两家之长。因为安赛乐米塔尔是两家实力相当的企业合并的，团队将在每家企业寻求最好的工作流程并运用于合并后的安赛乐米塔尔。

格兰布兰和斯科汀需要在保障企业日常经营的情况下，高效且迅速地完成此次整合工作。根据米塔尔和安赛乐以往的合并经验，GMB认为在此次整合行动中，自上而下的协同效应价值高达16亿美元。格兰布兰和斯科汀需要在安赛乐米塔尔内部验证这个数字的合理性。生产线管理人员的参与对于制订和实施行动计划以实现整合的协同效应而言至关重要。

最初，合并只会对在采购部门、销售部门、营销部门和企业中心工作的员工产生影响。由于两家工厂的重叠部分有限，合并的影响还需要一段时间才能影响到运营。因此，时间滞后会给合并后的企业带来大量不确定性。

考虑到必须在6个月的时间内完成整合工作，格兰布兰和斯科汀需要快速行动起来，他们必须尽快决定整合团队的人员构成并把团队召集起来，明确各自的角色和职责，以及确定整合流程的基础特征。

注释

1. "Top 15 motor vehicle manufacturing companies by volume 2006," http://auto.indiamart.com/car-channel/car-statistics/international-statistics.html,

accessed October 10, 2009.

2. "Steel Plant Information," http://www.steelonthenet.com/plant.html, accessed October 10, 2009.

3. Mittal NV 2004 Annual Report, p. 29.

4. Ibid.

5. Tim Bouquet and ByronOusey, *Cold Steel*, (London: Little & Brown, 2008), p. 275.

6. "Breaking the Stalemate: Value Creation Strategies for the Global Steel Industry," Boston Consulting Group, Boston, July 2002, http://www.bcg.com/documents/file13970.pdf, accessed October 10, 2009.

7. 截至 2006 年 1 月 6 日，1 欧元 = 1.21 美元。

8. Arcelor 2005 Annual Report, p. 16.

9. Tim Bouquet and ByronOusey, op. cit.

10. Arcelor 2005 Annual Report, p. 18.

11. 截至 2006 年 6 月 26 日，1 欧元 = 1.26 美元。

第5章

安赛乐米塔尔(2)

本案例由 R. Chandrasekhar 在 Jean-Louis Schann 教授的指导下撰写。本案例仅作为课堂讨论材料，作者无意暗示某种管理行为是否有效。作者对真实姓名等信息进行了必要的掩饰性处理。

未经 Ivey Management Services 书面授权，禁止任何形式的复制、收藏或转载。本内容不属于任何版权组织授权范围。如需订购、复制或引用有关资料，请联系 Ivey Publishing, Ivey Management Services, c/o Ivey School of Business Foundation, The University of Western Ontario, London, Ontario, Canada, N6A3K7; Phone: (519) 661-3208; Fax: (519) 661-3882; E-mail: cases@ivey.uwo.ca。

Copyright © 2010, Ivey Management Services

版本：2010-02-19

2005 年，米塔尔钢铁公司（简称米塔尔）和安赛乐钢铁集团（简称安赛乐）分别是全球排名第一和排名第二的钢铁制造企业，比尔·斯科汀（Bill Scotting）和杰尔姆·格兰布兰（Jerome Granboulan）是两家公司合并的主要负责人。2006 年 10 月 6 日，斯科汀和格兰布兰参加了两个公司财务主管的会议。这次会议有三个主要议题：第一，要完成两家公司价值链的联合；第二，要把首年的经营目标合并到 2007 年的年度报表中；第三，要为合并后的公司，即安赛乐米塔尔制订一个 3 年计划（2007—2009 年）。

财务主管不仅负责微观层面的预算目标，也负责总体预算。工作领导小组已经针对每项业务制定了从上到下的评价标准。从那以后，此次合并的主要负责人一直在与业务经理讨论如何实现所制定的目标。

两家公司都使用公历年作为财务年度，每年的十一月开始制定预算，两家公司的经营目标分配周期都是由公司实际情况决定的，斯科汀和格兰布兰也发现，财务报表的合并过程中不只是数字的简单相加，更是各项流程的整合。

这次会议进行得非常艰难。它是在整合工作过程中进行的，整合工作最初于 2006 年 8 月启动。两家公司的财务主管就公司集团管理委员会制定的两项目标展开了激烈的讨论：在 2008 年实现 16 亿美元的协同效益和 200 亿美元的息税前利润。部分财务主管认为，不论是公司 1 年内的经营目标或是 3 年内财务目标的规划，这两项方案都不令人满意。如果目标制定错误，将为公司带来负面的影响。如果目标太低，将使公司丧失发展机会；如果目标太高，将增加不达目标的风险。

尽管大部分的目标都进行了自上而下的分解，但是它们都是基于先前的经验和内部的标准。斯科汀和格兰布兰也非常自信，管理层制定的目标一定可以达到。但是，考虑到公司整合的期限是 6 个月，所以公司的各项流程整合都需要在很短的时间内实现可视化的报告，这也将决定公司在未来 2008 年到 2009 年的业绩表现。

会议期间，财务主管讨论了一些目标，尤其是 2007 年业务前景的可行性。部分财务主管对于协同目标的可行性提出了疑问。

商业展望

在 2006 年剩下的时间和即将到来的 2007 年，公司的商业运营充满挑战。按照财务主管们的看法，公司目标存在挑战性，主要源自以下几个因素：

- 在欧洲和北美的发达市场上，进口商品的竞争强度日益加大。在当时欧盟的 25 个国家中，进口渗透率（进口与市场供给量之比）达到了历史最高水平，比 2006 年第三季度提高了 18%。而商品进口量也提升了 50%，大部分来源于中国。
- 欧盟国家的钢铁产量自 2000 年起一直保持非常缓慢的增长，在 2005 年钢铁产量还出现了下跌态势。
- 美元和欧元都在贬值。
- 美国和欧洲都没有像其他地区一样有拉动经济增长的余地。比如说，原油价格的上涨刺激了中东地区的石油出口国家的经济发展；较高的贸易价格可以促进非洲和拉丁美洲的经济增长；本国国内的强劲需求加快了亚洲国家，如中国和印度的经济增长。

整　合

米塔尔和安赛乐的整合流程开始于 2006 年 8 月，核心的整合团队由 6 名经理组成（两公司各派 3 名），也被称作整合中的协调者。他们的职责仅限于协调、处理、推进整个项目的整合流程，而真正负责落实整合工作的是他们监督的各个工作领导小组。

人力资源和组织设计

在 2006 年 8 月的会议中，斯科汀和格兰布兰被任命为并购总领导，这代表了在这次整合中两家公司大部分业务都是按 50∶50 的比重分配。在新合并的公司董事会形成之前，两家公司董事会进行了临时重组。两家公司重组后的董事会共有 18 名董事，两家公司各有 6 名代表，3 名代表员工，3 名代表大股东。新成立的集团管理委员会即 GMB 有 6 名成员，两家公司各派 3 名成员。同年 9 月，新公司成立了由最优秀的 20 名管理者组成的管理委员会。整合团队有 6 名协调员，两家公司各占 3 人，他们都是从一些高潜力的管理者候选人中选出来的。斯科汀和格兰布兰分别负责从安赛乐和米塔尔选出候选人，再根据候选人的简历一起决定最终人选。每个候选人都要经历一轮面试，需要考官一致同意后方可成为协调员。斯科汀和格兰布兰分别代表安赛乐和米塔尔在毗邻的办公地点工作。

并购项目的特殊性

安赛乐和米塔尔的并购项目与其他的并购项目存在一定的区别。第一，常规的并购项目评估整合流程是以月度为周期，而本项目的评估是以一周为周期。集团管理委员会每周一开会，而整合团队每周三开会，核心的整合团队每天与工作领导小组沟通。工作领导小组会进行中期检查，在每周结束之前帮助团队做出决策、保证项目后续行动已安排好。如此严苛的进度控制，可以使得项目完全按照进度计划进行。第二，一般并购项目的若干子项目都有先后顺序，而这次并购项目的若干子计划都是并行的；而且在组织成立之前就已经组建好了并购团队，在详细计划制订之前部分项目便已经开始实施了。

工作领导小组

整合团队组建了22个工作领导小组，其中一些小组是以业务单元命名的（例如板材碳钢），还有一些是以职能命名的（例如采购、销售和可持续发展）。这些小组由各个业务部门（或职能部门）的人员共同组成，并且深深扎根在这项业务（或职能）里，它并没有独立于此业务（或职能），而是作为这项业务（或职能）不可分割的一部分而运行。每一个整合团队的协调者都负责三个或者四个工作领导小组，并且要保持每天和他们联系。每个工作领导小组都分别有一个指令、行动计划和时间控制表（见表1）。

表1　工作领导小组授权

执行命令
降低成本（降低采购成本，4亿欧元以上）
保证项目实施并建立项目追踪工具
识别和推广安赛乐和米塔尔的最佳采购方法
基于全球化的视角，寻求采购流程的持续优化
最终产品和可交付物
2006年9月底　　通过与供应商协商，节省供货成本
2006.10.15　　撤销完冗余的采购部门
2006.10.15　　设计好新的采购组织架构
2007.03.30　　建立起新的采购组织架构
2007年第一季度末　　新成立的组织将节约大笔资金（2.5亿欧元以上）

（续表）

团队成员	联络范围
发起人：D. Chugh 工作小组领导：××× 工作小组成员：××× 当地团队成员的时间分配	提供信息至：整合办公室、整合委员会 指导信息来自：核心整合团队
面临的障碍和干扰	**解决方法**
·关键供应商的反应 ·供应商管理的复杂性 ·物流设施的差异 ·不同地区服务获得性的差异	·评估供应商的竞争优势 ·确定核心供应商的目标数量 ·分别协商物流条件 ·评估本地和全球采购的不同需求

资料来源：作者根据公司内部资料整理所得。

这些工作领导小组是"内部整合"的重要工具，换句话说，整合不是平行组织的独立的活动，而是嵌入在业务范围中。其目标就是保证实行的所有措施都能够在负责实施的直接管理人员的控制下。

工作领导小组进一步将他们的任务划分给了 50 个分小组，这些分小组就在基层培养了 91 个项目领导人，实行 350 个行动计划，组织中上千人会在日常工作中参与并购项目的整合实施。

沟通

从 2006 年 9 月起，集团管理委员会成员开始在两家公司的营业地和办公区进行路演，在路演中主要集中展示了此次并购的战略目的、潜在优势、并购方法和时间进度表等。公司通过多样化的渠道来向大家展示其并购计划，除了组织高管和员工在附近召开面对面会议，还包括报纸、企业宣传片和网络电视等，并且给员工提供了向首席执行官反映问题的平台。

财务计划

在一个月之内,整合团队把16亿美元的经营目标分解为四个部分:购买、销售、运营和其他。整合团队也将财务计划中的每个部分都分给了各个工作领导小组。工作领导小组的首要任务是在考量全局后思考如何落实16亿元的经营目标,以及为如何实现企业内各部门的协同作用收集建议。每个工作领导小组都需要在5周内落实执行计划和核实数据。

随着并购项目的进行,这些业务部门需要承担整合过程的责任,对行动计划进行设计以推进协同。团队成员需要不遗余力地执行计划,严格按照计划表,实现每个方案的细节要求,如果有必要,可以使用关键绩效指标(Key Performance Indicator,KPI)来衡量目标实现的效果。

存在的问题

16亿美元经营目标的制定和分配是基于以下三个因素:对其他并购的学习、知识共享以及基准的使用。对此财务主管的反应各异,有人表示"我们不能保证在目前环境下的生产力一定会提升",还有人表示"此时市场容量已经达到了饱和状态",也有人表示"我们不是很明白制定这些目标的依据"。大家普遍认为"我们不认可这些目标"。

斯科汀和格兰布兰都在思索,如何才能让两家公司的财务主管接受制定的目标。

第6章

跨业务协作在并购中的作用

本案例由 Suzanne Francis 和 Jonathan Stearn 撰写。本案例仅作为课堂讨论材料，作者无意暗示某种管理行为是否有效。作者对真实姓名等信息进行了必要的掩饰性处理。

未经 Richard Ivey School of Business Foundation 书面授权，禁止任何形式的复制、收藏或转载。本内容不属于任何版权组织授权范围。如需订购、复制或引用有关资料，请联系 Ivey Publishing, Richard Ivey School of Business Foundation, c/o Richard Ivey School of Business, The University of Western Ontario, London, Ontario, Canada, N6A3K7；Phone：(519) 661-3208；Fax：(519) 661-3882；E-mail：cases@ ivey.uwo.ca。

Copyright © 2011, Richard Ivey School of Business Foundation

并购之初，如果双方经理共同勾画了组织合并后的样子，即并购蓝图，那么并购成功率将大大提高。本案例将讲述两个组织中的经理如何协作以制定并购蓝图，从而促使交易成功实施。

并购概览

大多数高级管理人员都知道，整合两个组织是有风险的，而且在某些情况下可能会危及企业的未来。通常情况下，整合达不到高管的预期。简言之，成效不及所愿。

并购交易无法达到预期的原因之一，是并购双方抱有不同的心态，往往一方积极推动，而另一方抱着局外人的心态。因此，两个组织在整合过程中经常保持一定距离。而且，法律法规方面的限制常使双方在并购过程中更加谨慎。这也最终导致组织在合并运营时必须度过磨合期，从而错失了最佳协作机会。在组织协作的最重要时刻，并购双方却做了与之相反的事情。

跨业务协作：克服并购挑战的有力工具

在过去的十年中，我们与许多客户合作以增加"协作商"（Collaboration Quotient），即有效地将两个组织的人才聚在一起进行创新，以更有效率的形式共享信息以便决策，在交易的各个阶段创造性地利用并购双方的共同努力，提高并购双方的交易价值。

本案例将以我们与这些客户合作的经验为例，说明跨业务协作如何巩固并购整合，并达到预期成果。

利用跨业务协作的特定机会

虽然跨业务协作的应用方式有很多种，但它在以下三个方面的影响最大。

详尽的尽职调查：预览合作前景

在过去的几年中，组织越来越依赖电子信息，辅以非正式的产业网络和公开信息来了解交易伙伴。不幸的是，通过此类途径获取的信息往往在组织迫切想要了解的方面很粗略，如质量信息、跨职能互动、现场维护和效率等一些需要观察或对话的内容。这使组织很难获取那些业务开发专家所称的有关交易伙伴的"直观感觉"（Intuitive Feel）信息。

采用跨业务协作的工具和技术，是解决研究信息来源不足的一种方法。随着交易的展开，人们越来越愿意尝试跨业务协作。如果能够更好地理解合并业务的发展方向，以及如何运营，往往就会产生创造性的并购协作，使得并购结果更加完美。跨业务协作提供了比传统研究方法更全面的尽职调查。虽然在交易活动的早期，并购双方之间的信息交流通常会受到法律法规的约束，但评估战略和文化契合度以及促进整合规划通常是可以接受的，并为深度协作提供了丰富的潜在机会。

在交易早期阶段，让内部跨职能团队参与尽职调查并编写整合报告，这一简单步骤可以在交易过程中发挥重要作用。同时还为后续的跨业务协作提供了范例，将加快并购整合的规划和执行。

当多元化印刷和包装公司维实伟克（Westvaco）打算从太普-银兰（Temple Inland）收购美国得克萨斯州的一家造纸厂时，它召集了多个跨职能、跨业务的小组来研究与分析整合的成本、时机和回报。每个小组由并购双方的代表组成，侧重于汇集制造、维护、采购或职能支持等方面的信息，并按照一个简单的模板编制一份全面的尽职调查报告。这份报告为执行整合行动的经理和小组提供了整合优先级和规划方案。小组受益于与员工的合作，开展正式的数据收集和更早的尽职调查，此外他们从具备多年工厂运营经验的一线经理那里掌握了第一手资料。并购双方就开展哪些项目，以及该项目在降低成本或改善绩效方面的潜在回报达成了一致。负责全面尽职调查的小组制订行动计划，并联合其他小组展开工作。

这个例子说明了在进行并购交易的过程中，尽早开展合作会大有裨益。至于是在交易交割前还是交割后开展合作是一个判断和偏好问题。充分利用合并资源，对整合的机遇和挑战进行简要的评估，有助于将规划重点放在最有可能实现预期收益的方面，并能够加快并购后的整合规划。而且，在认真研究如何执行合并业务的过程中，交易中的麻烦陷阱、文化鸿沟和复杂问题将变得显而易见。

并购蓝图：制定并购蓝图从而产生交易价值

对于许多交易而言，整合目标仅仅是一个模糊的概念，同时也可能没有明确地设定议程来达成具体结果。这通常会导致组织将大量的时间和精力投入可能有用，但实际上对绩效影响并不大的活动上。

那些对合作持开放态度的公司，可以利用从签署初始协议到交易完成前的这段时间，来共同制定交易完成后一年左右的业务合并愿景。我们称该愿景为并购蓝图，它从战略、运营、财务和组织等角度详细勾勒了新组织在一个确定的时间点（通常是交易完成后的12—18个月）将是什么样子。共同制订的并购蓝图确定了合并后公司期望实现的财务和经营目标，并为整合计划提供支撑。

例如，一家全球金融服务机构的大型事业部宣布收购一项互补业务。我们在与该事业部的高层领导及被收购方相关人员的谈话中了解到，收购方的 CEO 听取了关于组织如何整合的主要意见分歧。比如，双方期望开发的产品种类有巨大差别，维持和发展客户群体的战略也各不相同，并且实现成本协同的规模和速度也相差甚远。

为了处理这些分歧，并为成功整合做好准备，收购方 CEO 与被收购方高层召开了一次工作会议，起草了并购蓝图，即交易结束后一年的战略、运营、财务和组织目标（见表1）。每个人都分享了他们的想法，经过数小时的讨论和修改，最终形成了一个完善的工作草案。一周后，由双方联合领导小组召集的工作会议举行。领导小组精练了最初的方案，并把它交给各自团队进行下一轮微调。最后，领导小组又重新聚在一起，分享新增的信息，最终确定了并购蓝图。收购方 CEO 在启动整合程序之前，与由双方 200 名成员共同组成的整合团队分享了这个文件，以便每个团队成员都确切地知道整合启动后该做什么。在交易结束前，明确进行跨业务协作对于制订一个清晰一致的并购蓝图至关重要。

诚然，上述例子并不是达到协作效应的唯一方法。例如，许多组织聘请了顾问访谈领导小组主要成员，制订未来计划，并推动一个或多个跨业务工作会议，以完善和达成并购蓝图。

无论过程如何，共同制订并购蓝图的经验与最终形成的文件同样重要。它为两个组织的高级管理人员提供了接触和互动的机会，并围绕"如何实现成功整合"的主题，使他们明白整合团队要面对的大量基础性工作，以及并购蓝图与管理层领导力对于交易成功的重要性。同时，并购蓝图为整合计划提供了明确的责任框架。

表 1　并购蓝图

财务	战略
• 创造41亿美元的收入 • 获得5.35亿美元的息税折旧及摊销前利润 • 年化成本减少3.4亿美元 • 预计25%的收入来自新产品	• 剥离6项非战略业务中的4项 • 共同开发5个新产品平台 • 新兴市场业务增长15% • 在流程工业中交叉销售服务 • 增加欧洲客户和提升盈利能力
运营	组织
• 关闭欧洲总部 • 优化生产，关闭8家多余工厂 • 建立行业最佳成本结构（如供应链、IT和运营） • 考虑美国、亚洲和欧洲销售办事处的价值 • 整合交叉产品线和品牌 • 合并研究中心	• 辞退1 560名正式员工和425名小时工 • 整合管理结构，并在交易结束后4个月内调整所有组织内权责关系 • 在整个公司建立新的人才管理流程 • 建立一套跨地区及事业部的、统一的政策、程序和薪酬福利

资料来源：作者根据相关资料整理所得。

整合：通过跨业务协作加速整合

一旦达成最终协议，大多数公司必须认真地将注意力转向业务合并。注意力的转移是在交易完成之前还是之后都无关紧要，重要的是心态的转变，从追求交易转向关注如何使并购后的公司运转起来。即使交易的早期阶段两家公司几乎没有合作，在发布收购公告后发起跨业务协作也大有裨益。

在一次收购中，一家大公司的事业部尝试合并一家规模较小但具有创新精神的企业。其并购目标是使该事业部更加以客户为中心，产品线方面更具多样性，并为合并的产品线拓展市场，使该事业部更具响应性和灵活性。宣布收购后，收购方任命了一名整合经理。他是一位备受尊敬、有前途的领导者，有着十年的企业收购工作经验。他并不直接参与事业部的整合行动，而是和公司总裁挑选了一批高级管理人员作为指导小组来监督整合计划。指导小组成员包括被收购企业的总裁、事业部副总裁以及财务、法务、人力资源和 IT 部门的负责人等，收购方公司总裁作为指导小组的领导。指导小组同意聚焦成本协同和收入增长，围绕职能团队进行整合。每个团队都包括来自两家公司的代表，分别担任主要负责人和次要负责人。指导小组给各个团队的领导们开会，向他们介绍整合过程、完成整合的关键时间表，以及衡量整合成功与否的详细标准。这项工作为企业达成更好的业绩、推动企业文化转向奠定了基础。

整合过程中最困难的一个方面，就是商定如何合并销售业务以及关注哪些客户。收购完成的几个月后，事业部销售收入仍远低于指导小组设定的目标。在与整合团队举行的季度会议上，总裁借此机会重新讨论了销售收入目标，并制定了一个短期目标，要求在季度末之前使销售收入超出年度计划中的10%。总裁表示，双方各部门要通力合作，必须实现这一销售目标。整合团队基于此目标制订了新的整合方案。在季度末，销售目标得以实现，也实现了公司向投资者许诺的年度收入目标。而在取得这些成果的过程中，企业克服了许多文化上的合作障碍。

如果没有数十甚至数百人踏实、自律的努力，要加速整合并实现高层对财务和运营绩效的期望是极其困难的。职能部门和跨业务团队面临的挑战是识别最重要的、高回报的整合方案，并在一定期限内通过协作达成结果。这样做的好处是能够加速整合，尽早实现协同效应，培养能够为合并后公司持续发挥作用的领导者和管理者。

行动思路：立即应用跨业务协作

在并购过程中，应用跨业务协作的方法有许多种。在本案例中，我们只探讨了其中几个最重要的方法。应用跨业务协作，通常由收购方公司的最高层领导来判断何时、何处的协作是有价值的。在交易开始的早期就要树立协作的意识,并随着交易的进展使协作成为一种习惯。

虽然听起来很简单,但典型的"收购方"和"被收购方"的力量对比会使协作面临巨大的风险和不确定性。毫无疑问,并购期间会遇到小规模的抗拒,领导者需要意识到这些障碍,并通过教育、说服和示范相结合的方法扫除障碍,让员工相信协作是必不可少的。当高层领导与整合团队共同制订整合计划时,他们便可以确定跨业务协作的最大好处,并建立透明统一的方案,使其发挥作用。每一次整合尝试,都有机会创建和使用跨业务协作的方法,并使之更具创新性和趣味性。共同制订的团队章程、定期的跨业务整合团队进度报告,都是促进跨职能和业务部门进行更广泛对话,以最终达成一致意见的机制。

虽然对于成功实施跨业务协作没有固定的方法,但上述建议和说明旨在帮助那些正在考虑或正在进行并购活动的人们尽早开始共同协作。当人们在尽职调查和制订计划阶段积累了足够经验时,就能更加顺利、便捷地实施整合,更有可能实现交易价值。

第7章

论企业并购与估值

本案例由 Dominique Fortier 在 Steve Foerster 教授的指导下撰写。本案例仅作为课堂讨论材料，作者无意暗示某种管理行为是否有效。作者对真实姓名等信息进行了必要的掩饰性处理。

未经 Ivey Management Services 书面授权，禁止任何形式的复制、收藏或转载。本内容不属于任何版权组织授权范围。如需订购、复制或引用有关资料，请联系 Ivey Publishing, Ivey Management Services, c/o The University of Western Ontario, London, Ontario, Canada, N6A3K7; Phone：(519) 661-3208; Fax：(519) 661-3882; E-mail：cases@ivey.uwo.ca。

Copyright © 1995, Ivey Management Services
版本：2010-02-11

本案例介绍了企业并购的定义及并购发生的原因。首先，探讨了并购交易对并购企业及被并购企业股东的影响。其次，分析了为什么有的并购成功了，而有的并购没有成功。最后，介绍了有关评估企业价值的方法。

术语介绍

企业兼并与收购在企业的规模扩张中一直扮演着重要的角色。企业的规模扩张通常对企业的稳健经营有着至关重要的作用。企业兼并（Mergers）是指现有的两个或多个经济体合并为一个经济体。而企业收购（Acquisition）则是指 X 公司收购 Y 公司的股权，从而获得对 Y 公司的控制权的交易。企业的兼并与收购被统称为企业并购。企业并购有多种不同的形式：横向并购（Horizontal Mergers）是指生产和销售相同或相似产品、经营相同业务或提供相同劳务的企业之间的并购；纵向并购（Vertical Mergers）是指在生产运作过程中处于不同环节的企业之间的并购；混合并购（Mixed Mergers）是指业务间没有相互关联的企业之间的并购。

在讨论企业兼并与收购时，通常还会用到一些其他的术语。杠杆收购（Leveraged Buy-Out, LBO）是指通过举债的方式进行融资，来收购上市公司公开发行的全部或部分股票。如果交易是由管理层进行的，那么这种交易通常又被称为管理层收购（Management Buy-Out, MBO）。如果收购方

（如管理层）收购了被收购公司全部的股票，不存在收购方以外的第三方投资者持有该公司的股票，那么这种交易通常又被称为私有化（Going Private）。私有化以后，被收购公司的股票将无法再在公开市场上交易。合资企业（Joint Venture）是两家或多家企业为了建立和运作某个商业项目或企业，共同投入资本，分别拥有部分股权，共同分享利润、支出和控制权的经营体。

企业拆分（Sell-offs）是与企业并购相反的概念。企业拆分有两种主要的形式，即企业分拆（Spin-offs）和企业撤资（Divestitures）。在企业分拆中，从母公司中分拆出来的部分，组成了一个全新的、独立的法人实体，该法人实体的股份按母公司股东持有母公司股份的比例，分配给母公司股东持有。与此相反，在企业撤资中，企业的一部分被出售给了企业外的交易方，企业获得了现金或现金等价物。

并购理论与实证概述

许许多多的理论被用于解释企业的并购行为，具体地说，是用于解释企业并购行为发生的原因。这些理论关注的通常是职业经理人们做出并购决策的动机，以及影响他们做出并购决策的因素。[1]

效率理论

效率理论（Efficiency Theory）对企业并购带来的潜在社会效益抱有最乐观的态度，认为通过企业间的并购，将有可能实现更低的单位成本、更强的购买力和更高的管理效率。差别效率理论（Differential Efficiency Theory）认为，不同企业间的管理效率存在差异。如果 A 公司的管理效率高于 B 公司的管理效率，那么在 A 公司收购 B 公司以后，B 公司的管理效率就会被提升到 A 公司的管理效率水平。效率反映了并购交易的真实收益。

差别效率理论认为管理效率之间存在差异。低效率管理理论（Inefficient Management Theory）认为管理层可能未能充分利用既有资源实现潜在绩效。根据低效率管理理论，几乎任意的一个外部管理层都有可能比现有管理层做得更好。

效率理论的观点还考虑了实现协同作用的可能性。如果协同作用实现了，那么并购后形成的企业的价值将超过并购前的单个企业的价值之和。该理论的前提假设是行业内存在规模经济，并且在并购之前，单个企业的生产未达到规模经济能够实现的利润最大化的状态。对现有的企业进行并购时，一个潜在的问题是如何才能够去其糟粕、取其精华。

信息理论

信息理论（Information Theory）认为，通过从并购磋商、招投标及合资企业成立的过程中获得的新信息，能够使企业的股票得到重新估值。该理论可以从下述两个方面进行解释：一是"刺激法"（Kick-in-the-pants），即被并购企业管理层在面临即将被并购的刺激下，制定并实施能够使企业获得高估值的经营战略。二是"坐拥金矿假设"（Sitting-on-a-gold-mine Hypothesis），即并购磋商和招投标活动可能透露出新的信息，或者使市场判断竞标者们获得了更有效的信息，从而促使市场对原先被低估的股票进行重新评估。

代理问题

当职业经理人或代理人代表委托人（全体股东）采取行动，却未持有公司的股票，或仅持有少量股票，代理问题就会发生。股东与职业经理人的利益不一致可能会导致职业经理人工作不积极、懒散，贪图更多的福利（如奢华公务旅行、费用报销、俱乐部会员资格等），因为这些费用多数都是由持股较多的大股东们来承担的。

从代理问题衍生出了两种截然相反的关于并购的理论。有学者认为，当企业面临可能被并购的威胁时，代理问题将得到解决，股东们不需要再对职业经理人的工作进行监督。一旦企业被并购，职业经理人可能会面临失业的风险，这使得职业经理人的利益与企业的利益紧密结合在一起，为此他们将会采取对企业有利的行动，同时也是对全体股东有利的行动。然而，其他的学者认为，并购会使企业内部的代理问题暴露得更加严重，面对潜在的并购，职业经理人们可能会进一步扩大公司的规模，并因此接受更低的投资回报率。

市场地位

企业进行并购的一个目的是扩大企业的市场份额。横向并购中，企业收购竞争对手，那么它的市场份额将有所扩大。然而，目前还不清楚增加的市场份额是否必然会给企业的股东们带来经济利益，也不清楚为什么股东们更倾向于通过并购扩大市场份额，而不是通过企业自身发展积累。尽管通过并购有可能实现潜在的规模经济或协同效应，但是这些属于效率理论模型研究。

税收考虑

企业并购会涉及赋税问题。例如，并购一家有着税前亏损的企业时，被并购企业前期的亏损能够使并购企业免于被征税或少征税。因此，并购使企业少缴纳税款，为企业的股东们创造了价值。

影响并购活动的因素

为了成功地完成并购交易,必须要同时具备:企业的决心与意志(企业目标与战略)、资金、并购企业与被并购企业的相对价值、有利的经济环境及其他一些因素。由于这些因素要同时具备,因此,企业的并购活动往往具有周期性。

影响企业并购活动的因素又分为外部因素和内部因素。外部因素包括:货币政策、一般经济活动、政治因素和监管政策(如市场竞争政策、外商投资政策)。例如,加拿大相关监管政策通常包括《外国投资审核法》(The Foreign Investment Review Act)和《竞争法》(The Competition Act),前者限制了外国投资者投资加拿大企业的持股比例,后者对市场集中度进行了规定。货币政策也会对企业的并购活动造成影响,一般来说,当市场利率比较高时,市场对股市的投资热情会比较低,这时,资金充足的企业往往能够以比较低的价格并购其他企业。影响企业并购活动的内部因素随行业和企业的不同而有所不同,常见的内部因素包括管理层的能力、企业经营的产品类型等。外部因素与内部因素共同决定了企业并购活动的周期。一个周期内不同阶段上影响企业并购活动的主要因素可能有所不同。一般而言,出现并购潮通常是并购企业拥有获得资金的渠道、被并购企业市场估值偏低、市场利率较低、并购企业能够较为容易地获得银行融资。

并购成功或失败的原因

任何考虑并购的企业必须了解一个事实:从企业外部获得发展会面临

非常激烈的竞争，通过企业并购增加股东经济收益的可能性是非常小的。迈克尔·詹森（Michael Jensen）和理查德·鲁巴克（Richard Ruback）通过对11年间的企业并购交易进行实证分析，证实了这一观点。[2]他们发现在一桩并购中，当企业对外宣布并购交易达成时，被并购企业股东所拥有的股票市值平均上涨20%，而并购企业股东所拥有的股票市值基本无变动；当并购企业向被并购企业表明并购意向（即并购企业向被并购企业的股东们完成并购报价）时，被并购企业股东所拥有的股票市值平均上涨30%，而并购企业股东所拥有的股票市值平均仅上涨4%。

显然，被并购企业的股东们可以通过企业被并购获得可观的投资回报，而并购企业的股东们却未能获得他们所预期的回报。有部分研究对企业并购成功的概率抱有非常不乐观的预期，麦肯锡咨询公司的托马斯·科普兰（Thomas Copeland）、蒂姆·科勒（Tim Koller）、杰克·默林（Jack Murrin）进行的一项研究发现，[3]在1972年至1983年进行的并购中，有61%的并购失败了，23%的并购成功了，剩下16%的并购结果未知（当企业投入的并购资金获得的收益超过企业的权益资本成本时，这起并购才能被认定为成功）。如果再继续探究收购类型与成功概率的关系，就会发现企业并购与自身有业务联系的企业的成功率要远高于并购与自身无业务联系的企业。

既然统计表明了企业并购失败的概率如此之高，那么企业为什么还要进行并购呢？并购失败可归结为许多原因。管理不善和环境不佳就是其中两个诱因。然而，最有可能的原因还是并购方支付的成交价格过高。

许多原因都可能导致并购方支付的价格过高。第一种原因是并购方在进行估价时采取了过于乐观的假设，如企业将长期处于快速增长状态，市场将从周期性衰退中复苏，企业状况即将好转等，都有可能导致并购方为此支付超出合理范围的成交价格。第二种原因是高估了并购后的协同效应。并购中最难的就是对两个企业进行整合。假设 X 企业以拥有强大的市场营销部门而闻名，Y 企业对 X 企业进行并购，并在对 X 企业估值时假设其能够利用 X 企业在市场营销方面的优势。然而，在并购以后，原来 X 企业的核心人员离职了，留下的市场营销部门的实力要远远低于 Y 企业的预期。第三种原因是并购方在投标时报高了价格。在投标竞价进入到白热化阶段时，并购方很容易不经意间就报出了超过合理估值范围的价格。第四种原因是并购后企业整合过程中出现失误。并购后的企业整合是一个非常困难的过程，在此期间，企业与客户、员工和供应商的关系都有可能受到影响，从而对企业的经济利益造成损害。

麦肯锡咨询公司为成功的并购交易设计了一套工作方案，方案由 5 个步骤组成。

第一步是对并购前期工作的管理。在并购前期，所有员工都应当对并购意向进行保密，这一点非常重要。如果没有做好保密工作，市场上传出了企业有并购意向的传言，那么目标企业的股价将会上涨，有可能直接将交易扼杀在摇篮里。另外一项工作也十分重要，即管理层应当对企业自身进行全面的评价，了解企业自身的优劣势和行业结构。这些工作完成以后，管理层就可以开始寻找最适合用来提升企业自身价值的方法。麦肯锡咨询公司建议可采取以下三种方法来提升企业价值：一是强化企业的核心业务；二是追求规模经济；三是从技术与技能转移中获利。

在明确了最适合用来提升企业自身价值的方法以后，第二步就是寻找合适的目标企业。在制定目标企业清单时，上市公司、分公司、私营企业都处于应当考虑的范围。在这一步中，麦肯锡咨询公司建议企业制定一份淘汰标准，以帮助管理层直接淘汰那些不合适的目标企业（如企业规模过大、过小、欠缺可行性等）。这一阶段的分析应当交给律师、投资银行家、注册会计师等专业人士来完成，上述专业人士在并购过程中的各个阶段都会发挥十分重要的作用。

一旦目标企业被筛选出来，并排除掉不符合入选标准的企业以后，第三步就需要对剩下的目标企业进行估值。并购企业通常想要以仅仅比报价第二高的竞标者高出一点的价格买下目标企业，且该价格应当要低于目标企业的价值。在评估并购后企业的价值时，麦肯锡咨询公司建议将并购企业的价值与目标企业的价值加总在一起，再加上可能实现的协同效应的价值（需要考虑协同效应实现需要的时间），减去进行并购交易所需的交易费用，就得到了并购后企业的价值。并购后企业的价值减去并购企业的价值，就是增值部分的价值。

第四步是沟通协商。这一阶段最关键的是并购方要决定一个最高可接受的保底价格，并坚持守住这条底线不退让。在制定协商策略时，通常需要考虑以下因素：目标企业对并购方的价值、目标企业对当前目标企业的股东和其他潜在的并购方的价值、目标企业的股东和其他潜在的并购方的财务状况、目标企业的股东和其他潜在的并购方的策略与动机以及反收购措施带来的潜在的影响。

第五步是对并购后的企业进行整合。麦肯锡咨询公司的一项研究表明，许多并购后的企业不仅没有实现价值增值，经营业绩反而有所下跌。为了提高并购成功的概率，麦肯锡咨询公司建议企业在并购时要迅速，整合过程中要谨慎。除此之外，并购企业绝不能将自己的目标和企业文化生搬硬套给被并购企业，而应当由管理层们共同制订出一个双方都接受和赞成的方案。

估　值

并购过程中一个必要的环节是对被并购企业进行估值。这一部分将介绍许多估值方法的基本框架。这些基础的估值方法可以用到任何需要估值的情形中去，而不仅限于企业并购（最后一节将以一个模型为例，说明标准的折现现金流估值模型与企业并购所使用的估值方法的区别）。

折现现金流

在折现现金流估值模型中，一家企业的价值等于企业未来预期会收到的现金流按某一折现率进行折现后得到的现值，使用的折现率必须反映获得未来现金流所承担的风险（即投资风险）。折现现金流估值模型既可以用来对企业的某一个投资项目进行估值，也可以用来对整个企业进行估值，企业实质上也是由多个项目组成的集合。

第一步　计算资本成本

采用折现现金流模型进行估值的第一步是计算资本成本（K_c），由于资本成本是投资者投资于其他相同风险水平的资产预期获得的收益率，因此它是投资者愿意接受的最低的投资收益率。利用企业的目标资本结构，可以计算出企业的加权平均资本成本。企业的加权平均资本成本是企业债务资本成本与权益资本成本加权平均后得到的结果。只有在并购交易不改变并购企业的投资风险的情况下，才能将并购前并购企业的资本成本作为并购后企业的资本成本。反之，如果并购交易改变了并购企业的投资风险，那么对并购后企业估值使用的折现率（资本成本）也应该要有所调整。

第二步　计算自由现金流

折现现金流估值模型中使用的现金流是自由现金流。自由现金流是指在扣除了税费、资本性支出、营运资金增加额后，剩余可供分配给投资者

（如股东和债权人）的现金流。通过计算目标企业的自由现金流，可以测算出并购交易给并购企业带来的现金流贡献。计算自由现金流（Free Cash Flow，FCF）的公式如下：

$$FCF = EBIT \times (1-t) + NonCash\ Expenses - Capital\ Expenditures - Incremental\ Working\ Capital$$

其中：EBIT 表示企业的息税前利润，t 表示企业面临的边际所得税税率。非现金费用（NonCash Expenses）包括折旧和摊销等项目，在计算自由现金流时需要把非现金费用加回来，因为它不会影响企业的现金状况。资本性支出（Capital Expenditures）是企业购入固定资产时的支出，该项支出不反映在企业当期的利润表里，而是在固定资产的使用年限内，以折旧和摊销的形式逐年扣减。然而，资本性支出确实反映了企业的现金支出，因此，在计算自由现金流时，必须从企业的息税前利润中扣除资本性支出。营运资本增加额（Incremental Working Capital）反映为应收账款和其他维持并购后企业正常经营所必需的项目占用的资金的增加额。营运资金增加额通常可以用营业收入增加额乘以固定的比例得出。由于这部分现金流也不是企业可自由分配给投资者的现金流，因此计算自由现金流时，营运资金增加额也要从企业的息税前利润中扣除。

需要注意的是，所有与融资活动有关的项目都没有纳入自由现金流的计算，这是因为计算企业资本成本时，已经考虑到了企业的融资成本。对企业进行估值时，通常需要预测一段时间的自由现金流，对自由现金流的预测期应当持续到企业进入长期稳定增长阶段为止。在对许多行业的企业进行估值时，人们通常将这一期限设定为5到10年。

第三步　计算未来现金流的现值

利用第一步中得到的企业的资本成本 K_c，计算企业未来预期收到的现金流的现值。现值的计算非常简单，只需将未来所有的现金流折现到基期即可。计算时，通常假设企业的资本成本在预测期内保持不变，尽管实际上企业的资本成本有可能随着时间的推移而发生改变。另一个假设是企业每一期的现金流均在期末实现。

第四步　加上期末终值的现值

企业的估值中还没有包括预测期结束后企业将继续实现的现金流，即企业步入长期稳定增长阶段后将实现的现金流。为了将这部分现金流纳入企业的估值，在计算企业未来预期收到的现金流现值时，要加上预测期期末企业终值的现值。预测期期末企业终值等于预测期结束后的下一年开始，企业将收到的永续现金流在预测期期末的现值。

通常使用的计算预测期期末企业终值的方法就是假设企业步入长期稳定增长阶段以后，企业的现金流每年将以固定的增长率增长。首先需要计算出预测期结束后第 1 年的现金流。假设预测期的最后 1 年是第 T 年，在第 T 年预测期期末的企业终值（Terminal Value）等于：

$$\text{Terminal Value} = CF_T \times (1 + g)/(K_c - g)$$

其中：CF_T 表示第 T 年年末企业收到的现金流；g 表示第 T 年以后企业现金流的固定增长率，K_c 表示企业的资本成本。

第五步　减去企业借款及其他负债

对一个企业进行估值时，必须认识到作为企业的拥有者，股东们承担着偿还债权人债务的义务。因此，在估值时必须从企业未来预期收到的现金流的现值中，减去企业借款和其他负债的市场价值。

估值举例

假设一名分析师接到了对史密斯公司进行估值的任务。该分析师首先需要计算出史密斯公司的资本成本。假设史密斯公司的贝塔系数（β）是1.38，无风险利率（R_f）为8.15%，市场回报率（R_m）为14.15%，可得，市场风险溢价（R_m-R_f）为6%，利用资本资产定价模型，该公司的权益资本成本的计算过程如下：

由 $\quad K_e = R_f + \beta(R_m - R_f)$

得 $\quad K_e = 8.15\% + 1.38 \times 6\%$

$\quad K_e = 16.43\%$

假设史密斯公司能够以9.25%的利率进行债务融资，企业所得税税率为45%，该公司的债务资本成本的计算过程如下：

由 $\quad K_d = \text{Debt} \times (1 - t)$

得 $\quad K_d = 9.25\% \times (1 - 0.45)$

$\quad K_d \approx 5.09\%$

史密斯公司的资产负债表表明，当前公司的资本结构由35%的债务资本和65%的股权资本构成（见表1）。假设当前公司的资本结构即是目标资本结构，那么，对该公司的加权平均资本成本的计算过程如下：

$$K_c = (35\% \times 5.09\%) + (65\% \times 16.43\%)$$

$$K_c \approx 12.46\%$$

表 1 史密斯公司资产负债表

单位：美元

资产	第 0 年
营运资金	3 000 000
固定资产	17 000 000
负债和股东权益	
长期借款	7 000 000
股东权益	13 000 000

接下来，分析师需要对史密斯公司的财务报表进行分析，并对未来预期收到的现金流进行预测。息税前利润可以从公司过去的利润表中预测得到（见表2）。在过去的2年中（第0年和第-1年），该公司的息税前利润年均增速超过10%。根据行业数据，分析师假设在未来的两年里，该公司的息税前利润将继续保持10%左右的增速；而在两年以后，息税前利润的增速将下降至2%左右，这是比较合理的增速水平。利润表并没有提供多少有关资本性支出的信息，但分析师认为，考虑到史密斯公司未来10年的发展，公司在未来3年内必须购置一台全新的设备，新设备的价值约为200万美元，并将按照30%的折旧率来进行折旧摊销。除此之外，史密斯公司预计不会有其余重大的资本性支出。然而，史密斯公司必须维持其现有的固定资产规模。为此，分析师预测在接下来的每一年里，除了第3年，公司每年都将投入固定的金额，用于资本性支出和弥补折旧导致的固定资产规模的损耗。史密斯公司的营运资金随着主营业务收入的增长而同比增长。因此，对史密斯公司未来5年现金流的预测如下（见表3）：

表2　史密斯公司利润表

单位：美元

	第0年	第-1年	第-2年
主营业务收入	9 000 000	8 181 000	7 438 000
主营业务成本	4 000 000	3 681 000	3 338 000
主营业务利润	5 000 000	4 500 000	4 100 000
折旧与摊销	750 000	750 000	750 000
息税前利润	4 250 000	3 750 000	3 350 000
利息支出	500 000	450 000	230 000
税前利润	3 750 000	3 300 000	3 120 000
所得税（税率为45%）	1 687 500	1 485 000	1 404 000
净利润	2 062 500	1 815 000	1 716 000

表 3　史密斯公司现金流

单位：美元

	第 1 年	第 2 年	第 3 年	第 4 年	第 5 年
息税前利润	4 675 000	5 142 500	5 245 350	5 350 257	5 457 262
息税前利润×（1-所得税率）	2 571 250	2 828 375	2 884 942	2 942 641	3 001 494
（+）非现金费用	750 000	750 000	750 000	1 350 000	1 350 000
（-）资本性支出	750 000	750 000	2 000 000	1 350 000	1 350 000
（-）营运资金增加额	300 000	330 000	336 600	343 332	350 200
合计	2 271 250	2 498 375	1 298 342	2 599 309	2 651 294
现值（折现率=12.5%）	2 018 889	1 974 025	911 867	1 623 466	1 471 943

根据之前计算的资本成本，可以将预测的未来 5 年的现金流折现到当前的年份，得到的现值是 8 000 190 美元。现在，可以开始计算期末终值（Terminal Value）。分析师认为，5 年以后，史密斯公司的息税前利润将长期维持 2% 的年均增速。因此，第 6 年企业预期收到的现金流就等于第 5 年的现金流按 2% 的增速增长的结果，即 2 704 320 美元。根据以下公式：

$$\text{Terminal Value} = CF_T \times (1 + g)/(K_c - g)$$

计算得到的期末终值是 26 370 998 美元。期末终值折现后的现值是 13 008 030 美元。未来 1—5 年预期收到的现金流的现值及第 5 年预测期期末终值的现值合计就是 21 008 220 美元。根据史密斯公司的资产负债表，公司的长期借款为 7 000 000 美元。再减去企业的长期借款，就得到了对史密斯公司的估值，估值约 14 008 220 美元。事实上，这只是分析师工作的第一步。接下来，分析师还需要进行一些敏感性分析，以检验估值过程中所做的一些假设。如，12.5% 的折现率是否恰当？在行业内，长期维持 2%

的年均增速是否合理？在完成这些工作以后，分析师将得到一个可能的估值区间。只有在确定了估值区间以后，分析师才能够向他的上级汇报对史密斯公司价值的评估结果，并提出建议。

市盈率估值法（及其他乘数估值法）

另一种对企业进行估值的方法是市盈率（Price Earnings Ratio, P/E）法。该方法所依据的最关键的公式是：

$$P_0 = P/E \times EPS_1$$

其中：P_0 表示当前企业每股股份的价格，EPS_1 表示第 1 年时预期的每股收益，P/E 为预期的市盈率。

一家企业的市盈率可以通过参照行业内相似企业的市盈率计算得到。所谓相似企业，是指与待估值企业在成长性、风险特征、财务杠杆及股利支付政策等方面具有可比性的企业。在比较企业时，请记住以下准则：成长性越强的企业，市盈率越高；投资风险越高的企业，市盈率越低。另外，在对企业进行比较时，在其他条件相同的情况下，财务杠杆越高的企业，市盈率越低，这是因为企业的财务杠杆越高，风险就越大。同样地，成长性较强行业中企业的市盈率往往要高于成长性较弱行业中企业的市盈率。

尽管市盈率估值法是最常使用的一种乘数估值方法，然而，在某些行业中，其他的一些乘数估值方法往往要更适用一些。例如，在石油和天然气行业中，通常是使用每股股价与现金流的比率（The Price to Cash Flow Per Share Ratio）来进行估值。其他经常使用的乘数估值方法包括市销率（The Price to Sales Ratio）估值法等，市销率估值法通常被用于对新设立企业或新兴市场中的企业进行估值。

拆卖价值法

拆卖价值法，即评估企业的拆卖价值。采用这种方法对企业估值，需要在目标企业资产账面价值的基础上，再加上企业拥有的不动产、品牌和版权等资产的价值。然后，假设企业的每一项资产拆开出售，对每一项资产的价值进行评估。有很多原因可能导致企业资产拆开出售的价值合计超过整个企业出售的价值。这些原因包括：企业拥有隐性资产；通过成本节约使利润增加；充分利用债务融资额度；税收考虑；企业的某部分资产价值被遗忘或低估。采用这种方法的关键是要了解投资者为拥有企业的各项资产愿意支付的价格。

并购交易估值

前文提到的折现现金流估值方法可以用来对任何企业进行估值，无论其是否存在并购交易。接下来的部分要解释为什么同一家企业对潜在的并购方和出售方的价值不同。需要注意的是，除了折现现金流估值模型中包含的部分价值，还有部分价值是难以量化的。因此，接下来介绍的模型并没有试图对企业价值进行精确的评估，而是旨在解释为什么并购方愿意支付高于当前市场价值的价格收购并购企业。该模型蕴含了许多前面提到的与并购有关的理论和原理。

该模型可用以下公式简单地进行表述：

目标企业对并购方的最大价值=目标企业对出售方的价值+并购方给目标企业带来的价值增值+目标企业被并购方的竞争对手收购给并购方价值带来的影响

公式右端的第一个组成部分"目标企业对出售方的价值",是指企业对目前业主的价值,又可以进一步分解为企业按照现有的经营方式未来预期收到的现金流的现值,减去维持现有经营所需投入的资本性支出和营运资金的价值(即按照前文所说的折现现金流方法估计出的价值),再加上新业务将带来的现金流的现值,减去经营新业务所需的资本性支出和营运资金的价值,最后,再加上企业不再使用的资产变现后的价值。

第二个组成部分"并购方给目标企业带来的价值增值",由多个要素组成。首先是协同效应和成本节约的现值,协同效应使企业未来预期收到的现金流增加(减去实现现金流需要投入的成本)。这部分的计算要求非常仔细,需要对全部的假设都进行清晰地界定和理解。其次包括并购交易产生的并购企业的新战略的价值,即由于并购交易而诞生的新产品在未来的收益减去成本后的现值。再次包括企业并购以后,部分因重叠而多余的资产变现后产生的税后收益。最后是兼并后的企业在财务上获得的利益的现值,包括企业的信用评级提高、新的融资渠道增加等。

第三个组成部分意味着若目标企业被并购方的竞争对手收购,并购方的价值将发生的改变。这需要重新计算并购方企业在新的竞争环境下的自由现金流,如此才能知道如果目标企业被竞争对手收购是否会给并购方带来收益或损失。

对上述三个部分的价值进行加总,就得到了目标企业对并购方的最大价值。非常有趣的是,在多数情况下,目标企业对并购方的价值均高于目标企业对出售方的价值。这在理论上解释了为什么企业并购中常常会出现支付溢价的情况。

注释

1. Tim Koller, Marc Goedhart and David Wessels, *Valuation: Measuring and*

managing the value of companies, (London: Wiley, 1994).

2. Thomas E. Copeland and J. Fred Weston, *Financial theory and corporate policy*, (Boston: Addison Wesley, 1988).

3. Michael C. Jensen and Richard S. Ruback, "The Market for Corporate Control: The Scientific Evidence," *Journal of Financial Economics* 11(1983): 5-50.

第 8 章

中海油与加拿大利益相关者的互动

本案例由 Klaus Meyer 教授和 Alexandra Han 撰写。本案例仅作为课堂讨论材料，作者无意暗示某种管理行为是否有效。作者对真实姓名等信息进行了必要的掩饰性处理。

未经 CEIBS（China Europe International Business School）书面授权，禁止任何形式的复制、收藏或转载。本内容不属于任何版权组织授权范围。如需订购、复制或引用有关资料，请联系 Ivey Publishing, Richard Ivey School of Business Foundation, The University of Western Ontario, London, Ontario, Canada, N6G0N1; Phone：(519) 661 - 3208; E-mail：cases@ ivey. ca。

Copyright © 2017, CEIBS（China Europe International Business School）

版本：2017 - 01 - 11

2013年2月,中国海洋石油集团有限公司(China National Offshore Oil Corporation,以下简称为中海油)以151亿美元的价格完成了对加拿大石油勘探公司尼克森(Nexen)的收购,这是中国企业当时最大的海外收购。对加拿大公众来说,这笔收购从一开始就存在争议,加拿大和美国当局在收购审批过程中对中海油进行了重重审查。

交易完成后,尼克森的运营并不顺利。由于运营成本超过了预算,当油价大幅下跌时,尼克森承受了相当大的压力。因为它的勘探地点主要位于石油开采成本较高的地区,比如加拿大的阿萨巴斯卡油砂矿藏区。2015年7月,尼克森再次出现在新闻中,是因为一个偏远地区的管道泄漏了500万升乳化油。[1]2016年1月,在上一场媒体风暴平息之后,尼克森又有一家石油裂解厂发生爆炸,导致一名工人死亡,一名工人住院。[2]尼克森的管理团队回应了媒体的问题,同时也表示需要思考有关内部流程和企业战略的问题。

中国对资源的渴求

随着中国政府开始推行"走出去"战略,大型企业纷纷出海投资,以获取资源、技术和市场。中国快速增长的经济需要越来越多的能源和其他自然资源。[3]当时,由于新兴经济体不断增长的需求,全球石油市场经历了动荡,但价格总体较高。西得克萨斯中间基原油(West Texas Intermediate，WTI）均价为每桶 94 美元，而布伦特原油（Brent Oil）均价为每桶 111 美元。[4]中国以前主要从俄罗斯、中东和非洲进口石油，但随着国内需求的增长，中国开始寻求其他途径来满足能源需求。

当中国的能源公司寻求世界各地的自然资源时，它们发现加拿大有丰富的自然资源、优异的能源安全保障和先进的科学技术，是一个潜在的、有吸引力的商业合作伙伴。此外，与加拿大建立业务联系不仅能获得丰富的自然资源，而且能获得专业的管理人员和经验丰富的员工。[5]同时，加拿大拥有相对稳定的政治环境，因此被认为是一个安全的投资地。[6]

中国海洋石油集团有限公司

中海油成立于 1982 年，直属于国务院国有资产监督管理委员会，主要从事石油和天然气的勘探和开发。1999 年，中海油在香港成立了中国海洋石油有限公司，作为其国际控股公司。2001 年，中海油在香港（股票代码：00883）证券交易所和纽约（股票代码：CEO）证券交易所上市，首次公开募股融资 12.5 亿美元。[7]截至 2015 年年底，中海油旗下 5 家子公司已经上市：中国海洋石油有限公司、中海油田服务股份有限公司、海洋石油工程股份有限公司、中海石油化学股份有限公司、山东海化集团有限公司（2020 年完成股权划转，由潍坊市投资集团有限公司控股）。[8]

中海油第一次引起国际关注是在 2005 年，当时该公司出价 186 亿美元收购加州联合石油公司（Unocal），但后来由于美国政府的反对而撤回了竞购。中海油在美国的首次重大收购发生在 2010 年，当时中海油斥资 10.8 亿美元，收购了得克萨斯州西南部鹰福特页岩项目 33％的股权，该项目由中海油与切萨皮克能源公司（Chesapeake Energy Corporation）共同开发。[9]

中海油在浅层和深水勘探方面都取得了重大突破，2014年其储量替代率达到112%，净探明储量为44.8亿桶油当量，日产量为118万桶油当量。2015年，中海油在《财富》世界500强排行榜中攀升至第72位，总资产达到11 642亿元。它已成为中国最大的石油和天然气生产商之一，并在油田开发、石油精炼和销售、发电等相关行业进行多元化经营。

2011年，中海油发布了二次跨越式发展战略。其战略目标是通过加快液化天然气和煤层气增长，扩大油田专业服务、石油销售和石油贸易，来发展核心油气业务。此外，中海油还打算发展炼油、化工、金融服务和替代能源等相关业务。它的目标是到2030年成为全球领先的能源公司。该计划设想在10年内将石油和天然气产量翻一番，2030年年产量在2010年的水平上提高两倍。同时，中海油致力于承担企业社会责任，立志成为负责任的国有石油公司的榜样。

尼克森和长湖油砂

尼克森的前身是加拿大西方石油公司（CanOxy），该公司于1971年成立，是一家石油和天然气生产商，总部设在卡尔加里市。20世纪80年代和90年代，它收购了墨西哥湾、也门和北海的石油和天然气勘探项目。2000年公司更名为尼克森（Nexen），并启动了几个雄心勃勃的投资项目，其中最著名的是英国北海的近海设施和加拿大阿尔伯塔省的长湖油砂勘探项目。[10]2000年年初，尼克森是阿尔伯塔省最受欢迎的公司之一，不仅因其强劲的技术实力，还因其承担的环境责任和对员工的关怀。

随着油价上涨和21世纪初出现的新的提取和精炼技术，油砂被认为是一种有吸引力的替代能源。然而，环保组织对从油砂中提取石油造成的土地污染进行了批评。尼克森的长湖项目位于阿尔伯塔省北部的麦克默里堡以南75公里处，该项目采用了新技术，减少了蒸汽辅助重力排水过程中油砂开采对环境的影响，并减少了碳排放，主要使用的是循环水。[11]2003年，长湖项目获得了监管部门批准，并于2006年完成了设施建设。2007年，开始向井垫注入蒸汽。2008年，蒸汽辅助重力泄油开始进行沥青加工。2009年，开始生产优质合成原油。[12]2009年，尼克森从其合作伙伴奥玛特科技（Ormat Techndogies）手中又收购了该项目15%的股权，将尼克森的持股比例提高到65%，并承担了该项目的运营权。[13]

然而，该项目从一开始就遇到了技术问题和工程失误，未能实现生产目标。长湖项目2011年的日产量只有3万桶油当量，而不是之前预计的28万桶油当量。[14]问题在于长湖石油矿床的性质：不均匀的矿床夹杂着页岩，使得穿透更加困难。此外，高含水饱和度使长湖油砂难以开采，造成施工延误付出高昂的建设成本。[15]例如，尼克森跳过了传统的现场试点项目，直接进入了大规模的商业运营。因此，为了节省时间和金钱，尼克森在靠近基地工厂的地方打井，但这些井很快就被水饱和，而且离原油储量最丰富的地方很远，需要的蒸汽比原计划要多。这使得项目建设成本从最初的26亿美元增加到2007年的61亿美元以上。[16]

由于尼克森的项目大多是在石油开采技术上具有挑战性的地区，其运营成本远高于其他大型石油勘探公司。2011年，尼克森日产量约20万桶油当量，每桶油的当量成本为20.84美元。相比之下，中海油平均每桶油的当量成本为9.01美元，略低于竞争对手中国石油天然气集团有限公司的11.54美元和中国石油化工集团有限公司的15.43美元。其他全球竞争对手也面临类似的成本状况，埃克森美孚为9.44美元，荷兰皇家壳牌为10.78美元。[17]

由于在长湖项目上遭遇挑战，尼克森的合作伙伴奥玛特科技陷入财务困境。截至 2011 年，奥玛特科技有 28 亿美元的债务，手头的现金甚至不足以支付 2011 年的利息。[18]穆迪投资者服务公司（Moody's Investors Service）将奥玛特科技部分债务评级下调至 Caa 3。在这一阶段，中海油收购了奥玛特科技，从而获得了长湖项目的股权。[19]

长湖项目的糟糕业绩影响了尼克森的财务状况，其股价从 2009 年至 2012 年下跌了 20%。2012 年 1 月，担任首席执行官 13 年的马文·罗曼诺（Marvin Romanow）卸任。首席财务官凯文·莱因哈特（Kevin Reinhart）被任命为临时首席执行官。[20]2012 年，尼克森的财务状况进一步恶化，净利润降至 3.33 亿美元，同比下降 53%。[21]糟糕的财务状况引发了人们对尼克森将被收购的猜测。

政治争议

2012 年 7 月，中海油宣布将以 151 亿美元（合每股 27.5 美元）的价格收购尼克森，每股 27.5 美元较尼克森前一日的股票收盘价溢价 61%。[22]尼克森拥有先进的技术和专业知识，而中国企业正寻求在国内和日益全球化的业务中掌握这些技术和专业知识。除了油砂业务，尼克森还在北海、墨西哥湾、西非和也门拥有海上生产和储备资产，这将帮助中海油在地理上实现资产组合多元化。[23]

不过，这笔交易最终能否完成取决于加拿大政府能否批准。《加拿大投资法》（Investme Canada Act）要求投资者证明其投资对加拿大经济发展有促进作用。这个审查极其严格，2012 年 10 月，加拿大政府便否决了一家马来西亚公司对本国一家能源公司的收购。由于尼克森在墨西哥湾拥有资产，中海油的收购还需要得到美国相关部门的批准。[24]

在吸取了 2005 年优尼科的经验后，中海油在这一过程中聘请了加拿大专业顾问提供支持。中海油很早就向与收购相关的关键决策者发出信号，表示有意进行一笔重大交易，这样他们就不会对后期收购感到意外，也不会在信息不足的基础上发表早期媒体声明。按照《加拿大投资法》规定的标准，中海油还早早地、积极地做出承诺，向加拿大政府展示其净收益。

加拿大政府积极鼓励外国投资者在本国投资。时任保守党总理斯蒂芬·哈珀（Stephen Harper）将其视为国家优先事项，期望促进加拿大经济增长，减少对美国市场的出口，并向亚洲销售更多资源。[25]加拿大阿尔伯塔省省长艾丽森·雷德福（Alison Redford）也认为中海油与尼克森的交易是"对阿尔伯塔省和加拿大的一项重要投资"。很长一段时间以来，美国一直是加拿大唯一的客户，但美国的石油产量一直在增长。[26]与此同时，加拿大缺乏单独开发自然资源的资金，需要海外投资。

出于这些原因，商界和投资界普遍对这笔交易持赞许态度。然而，中海油与尼克森的交易在加拿大的政治评论人士中，引发了激烈辩论。例如，新民主党人士表示：

> 我们非常担心加拿大的战略资产可能会被出售，不仅是卖给外国企业，而且是与加拿大市场规则完全不同的外国政府控制的企业……问题是，把战略性自然资源卖给一个完全由外国政府所有的企业，怎么可能符合加拿大的利益，怎么可能对加拿大有净收益？[27]

一项民意调查显示，58%的加拿大人认为政府应该阻止中海油对尼克森的收购。[28]执政党保守党的议员报告说，有选民来信呼吁否决收购协议。一位不愿透露姓名的保守党议员在接受媒体采访时总结了他的观点："从纸面上看，这似乎是一场有益的交流，将给这个地区带来财富增长……然而，中海油是一家国有企业，这就是引起忧虑的原因。"[29]

加拿大外国投资法专家、政府高层官员保罗·布思（Paul Boothe）评估了这种情况：

> 当你看到他们在投资、就业、治理、社会事务（如公司责任）等方面所说的计划时，所有这些都符合《加拿大投资法》的标准……（然而）还有一些更大的问题：我们是否应该让外国国有企业投资加拿大？投资多少？在我看来，这些都是关于规则本身的讨论，而不是关于当前规则在这桩交易中的应用。[30]

加拿大亚太基金会（Asia Pacific Foundation of Canada）的执行长/主席胡元豹（Yuen Pau Woo）则表示：

> 加拿大政府应该平等对待所有在加拿大投资经营的外国公司。我相信我们可以找到中国国有企业渎职的例子，但我们也可以在私有企业找到同样的例子。真正的问题是，加拿大是否有能力阻止这种情况发生，或强制实施补救措施……答案当然是肯定的。[31]

中国相关部门称，这笔交易是检验加拿大对中国投资开放程度的试金石，尤其是对国有企业和资源行业的投资。中国外交官表示，拒绝这笔交易可能会严重影响中加关系，对中国未来在加拿大的投资造成负面影响。[32] 中海油也向加拿大政府承诺以下几点：（1）收购后尼克森董事会和管理层一半的职位由加拿大人担任；（2）保持尼克森当前的就业水平至少5年；（3）尼克森总部仍将设在卡尔加里；（4）中海油将在多伦多证券交易所上市；（5）中海油将继续履行尼克森的社会责任和投资计划。[33,34]

由于公众的争议，加拿大政府两次延长了对该交易的审查。[35] 最终，时任加拿大总理哈珀于2012年12月8日批准了中海油对尼克森的收购。与此同时，加拿大政府宣布，除非有特殊情况，否则将禁止外国国有企业在未来收购本土油砂行业企业。这项新政策使得外国国有企业投资加拿大自然资源行业更加困难。然而，哈珀强调，"外国国有企业仍将受到欢迎，（它们）可以收购少数股权，与加拿大企业成立合资企业。"[36]

在获得加拿大的批准后，这笔交易还有最后一个障碍——美国外国投资委员会（Committee on Foreign Investment in the United States）的批准，中海油最终于2013年2月获得了批准。据媒体报道，中海油同意放弃对墨西哥湾资产的运营控制权，以解除美国对其国家安全的担忧。[37]

中海油与尼克森的整合

随着交易的完成，中海油的全球石油产量增加了20%，储量增加了30%，并获得了最先进的页岩气和深水技术。[38] 按照双方同意的条件，中海油保留了尼克森的最高管理团队和员工。自2012年1月起担任尼克森首席执行官的莱因哈特继续担任该职位，时任中海油首席执行官李方荣出任非执行董事长。

收购后的最初战略设想是将尼克森作为一个独立的子公司。在2013年2月的一次媒体采访中，李方荣说：

> 基本上，我们什么都没有改变。尼克森已被证明是一家非常成功的公司。我们为什么要改变它？我不指望改变尼克森管理业务的方式。所以基本上，一切都像往常一样，除了莱因哈特现在向我报告，之前他向董事会报告。我们会不时地与北京总部进行交流。[39]

然而，在战略层面，中海油认识到有必要在稳定员工队伍的同时改善尼克森的财务业绩。时任中海油总裁杨华宣布，"公司将在未来三到五个月内整合两家公司的规划、财务、勘探和开发部门。"[40]

此次整合始于2013年3月尼克森从纽约证券交易所退市。同年5月，中海油开始部分偿还用于收购的60亿美元短期过桥贷款，发售了40亿美元的公司债券，这是日本以外亚洲地区发行的规模最大的美元计价债券。中海油支付的溢价比其2012年发行的类似期限证券低了35个基点。[41] 2013年9月，中海油开始在多伦多证券交易所上市交易。[42] 2014年，中海油超过了预定的生产目标，净产量约为4.32亿桶油当量，同比增长5.1%。加上尼克森的贡献，中海油的储量替代率达到了112%。

中海油通过外资运营体系、技术共享、文化整合等方式对尼克森进行整合。公司成立了独立的海外健康、安全和环境管理办公室，并将其全球危机管理系统引入尼克森，其中包括协调应急反应团队和联合应急演练。信息技术系统通过信息共享平台将北京和卡尔加里之间的内部网络连接起来，用于电话交谈、视频会议、电子邮件地址列表集成和大文件的安全传输。[43]

在社会责任方面，中海油继续推进尼克森在加拿大、英国和墨西哥湾的社区项目。2013年，中海油向加拿大的社区基础设施和洪灾救援项目捐赠了310万美元。尼克森的员工参加灾后重建和志愿服务共计1 900小时。[44]

蜜月结束了吗？

在良好的开局之后，中海油很快就在加拿大的新业务中遇到了各种挑战。运营成本超过了预算，尤其是在长湖项目，而油价暴跌降低了高成本石油勘探项目的财务可行性。中海油的财务业绩也受到尼克森成本结构的影响。尽管油气销售量增长了15.4%，但成本增长更快，最终净利润下降了11.4%。到2014年年底，尼克森的日均净产量攀升至128万桶（增长6.7%），占生产量的5.3%。然而，营业费用增加了约312亿元人民币，其中尼克森方面产生的费用占了19.8%。从数据来看,尽管投入了巨额资金,尼克森未能实现盈利反转。2015年,尼克森运营亏损扩大至21亿元人民币(见表1)。[45]

表1 中海油部分财务数据(2012—2015年)

单位:百万元人民币

	2012年	2013年		2014年		2015年	
	总计	加拿大	总计	加拿大	总计	加拿大	总计
对客户净销售额	194 774	8 800	226 445	10 555	218 210	4 981	146 597
总营业收入	247 627		285 857		274 634		171 437
营业费用	-21 445	-5 794	-30 014	-6 177	-31 180	-4 278	-28 372
勘探费用	-9 043	-112	-17 120	-1 263	-11 680	-712	-9 973
折旧、损耗和摊销	-32 903	-3 327	-55 512	-6 476	-57 407	-3 163	-72 665
财务费用	-1 603		-3 457		-4 774		-6 118
经营成果	62 715	-722	56 160	-803	62 659	-2 136	21 315
息税前利润	90 172		80 851		82 513		17 130
税前利润率(%)	36.41		28.28		30.04		9.99
员工(人)	10 063		17 553		21 046		20 585
净产量(桶油当量/天)	935 615	57 534	1 127 967	67 770	1 184 977	58 115	1 358 022
净探明储量(百万桶油当量)	3 203	803	4 139	820	4 185	835	4 016

资料来源:中国海洋石油总公司,2012—2015年年报。

当原油价格从2014年年初每桶110美元下降到2014年年底低于60美元后,尼克森的财务状况变得更糟。由于对全球经济前景以及全球原油供应过剩的担忧，2015年全球原油价格仍然偏低。2015年，西得克萨斯中间基原油均价为每桶48.67美元，布伦特原油均价为每桶52.32美元。[46]因此，中海油2015年的综合净销售额下滑33%，至1 466亿元人民币。尼克森受到的影响更大，净销售额下降53%，至50亿元人民币。[47]然而，尼克森并不是唯一一家遭受损失的公司；阿尔伯塔省石油业经历了大规模的裁员。一些外国运营商停止了整个开采活动，解雇了大部分员工，导致该省失业率急剧上升。

2012年，中海油在油价高涨时以151亿美元的价格收购了尼克森。然而，2015年中海油许多资产的价值大大缩水，估计至少损失50亿美元。[48]当油价为每桶50美元时，勘探油砂这一成本相对较高的石油资源就不再具有经济吸引力了。据加拿大蒙特利尔银行的分析师估计，尼克森的供应成本为每桶76.5美元，其长湖项目的供应成本则高达每桶188.5美元。供应成本是衡量价格盈亏平衡与投资资本回报率的指标。[49]

尝试转变

油价暴跌和高运营成本迫使中海油重新考虑其全球业务。中海油在北京的总部审查了业务的各个方面，削减了资本支出，并对尼克森采取了更直接的控制。特别是，业务发展部门被集中在北京，以便更好地协调世界各地的投资。[50]

不过，这一计划导致中海油在北京的负责人与加拿大的高管之间关系出现紧张，后者打算继续将尼克森作为一个独立的业务部门运营。2014年4月，在中海油任职30年的执行副总裁方志接替了莱因哈特的职位。方志在2012年尼克森收购谈判中发挥了重要作用，并担任尼克森董事会成员。[51]此外，尼克森还解雇了财务部门的四名副总裁。中海油最初向加拿大政府承诺，保留尼克森加拿大领导团队50%的股权，但由于市场环境不断变化，这一承诺需要重新评估。

2015年，中海油为适应市场形势的变化，加强成本控制，加快油气区域发展，推动前沿海上工程、钻井、生产技术投入运营。在一份新闻稿中，尼克森宣布在北美裁员340人，在英国裁员60人。加拿大政界人士呼吁密切审查中海油是否遵守其向加拿大政府做出的承诺，尼克森表示，它"完全遵守其在加拿大的投资承诺"（见表2）。

表 2　中海油新闻稿（节选）

尼克森能源公司宣布组织变革以应对行业低迷

加拿大阿尔伯塔省卡尔加里（2015年3月17日）——尼克森能源公司（Nexen Energy ULC，简称尼克森）是中海油的全资子公司，尼克森宣布进行组织变革，将裁减约340名北美员工。尼克森英国公司（Nexen UK）也将裁减约60名员工。

尼克森首席执行官方志表示："最近行业低迷影响了能源行业的所有公司，为了应对这一局面，我们决定对机构进行彻底审查，以确保我们的长期生存能力和可持续性。""虽然令人遗憾，但这些组织变革是必要的，以使公司与我们减少资本支出的计划保持一致。我们认真对待这些决定，所有受到影响的员工都得到了公平和尊重的对待。"

尼克森仍然致力于其雇员、承包商、环境和社区的健康和安全。公司完全遵守其在加拿大的投资承诺。

资料来源：《尼克森能源ULC宣布组织变革以应对行业低迷》，尼克森公司新闻通稿，2015年3月17日，www.nexencnoocltd.com/en/AboutUs/MediaCentre/NewsReleases/News/Release.aspx?year=2015&release_id=AC2705939F6446F692F4AE7F690DD5EF，访问日期：2016年8月31日。

中海油将整个集团的运营支出削减了9%左右，其中在加拿大削减了30%的运营支出。每桶油的运营费用下降20.9%至9.55美元，勘探费用下降14.1%至826.2亿美元。[52] 2015年资本支出减少30%，至677亿元人民币。[53] 自2013年以来，尼克森的员工总数从最初的3 000人减少了约300人。[54]

安全及环境事故

2015年7月15日,尼克森发生管道泄漏,约31.5万桶(500万升)重质原油与沙子和水混合泄漏在长湖附近。[55]泄漏来自麦克默里堡以南约40公里的一条全新的管道,该地区位于北方森林环绕的农村地区。初步调查显示,泄漏开始于6月29日,当时工作人员完成了管道清理工作。7月15日,一个承包商发现了泄漏。[56]尼克森当日立即启动了应急计划,开始了清理行动。阿尔伯塔省能源监管机构从一开始就与尼克森合作,以确保现场安全,并调查事故原因。[57]

7月17日,尼克森邀请媒体观看了清理工作。在清理工作期间,周边地方被栅栏围了起来,以防止野生动物进入,还设置了塑料鹰以驱散鸟类。大约有130名工人在现场控制并处理泄漏。尼克森首席执行官方志在现场公开道歉:

> 看到这样的现场是伤心的,发生这样的事情是令人失望的。因此,我个人对此事可能造成的后果表示歉意。我们今天向媒体开放清理工作现场的目的,是对公众开放和透明。我们目前的工作重点是确保现场工作人员的安全,尽量减少对环境和野生动物的影响,以及通过调查了解事故发生的根本原因。[58]

负责加拿大业务的高级副总裁罗恩·贝利(Ron Bailey)对媒体表示:"我有一种感觉,人们认为我们被逼着去做不安全的事情……我想就这个问题给出一些个人观点。实际上,我认为中海油通过收购,加强了我们对安全的关注。"[59]

7月17日,阿尔伯塔省能源监管机构向尼克森发布了一项环境保护命令，要求其控制泄漏，检测受影响地区的碳氢化合物和氯化物，并制订一项修复计划以恢复自然环境。阿尔伯塔省能源主管部门表示，原油泄漏对人类和野生动物没有直接威胁，也没有原油泄漏到任何水体中。[60]

2015年春季阿尔纳塔省新当选政府强调，要让石油行业对其环境影响负责。2015年8月31日，加拿大能源署下令尼克森关闭位于阿尔伯塔省的95条管道，原因是管道维护和监控不符合规定。因此，尼克森不得不关闭其位于长湖的原油生产设施，直到调查结束，管道才得到修复。[61] 2015年9月17日，尼克森恢复了全部原油生产（5万桶/天）。[62]

2016年1月15日，长湖加氢裂化装置发生爆炸。一名工人当场死亡，另一名重伤工人被飞机送往医院的烧伤病房。[63] 事故发生后工厂立即关闭。阿尔伯塔能源监管机构和阿尔伯塔省职业健康和安全组织展开了全面调查。[64] 据估计，尼克森在工厂关闭期间损失的产量接近5万桶/天。[65]

应对公众审查

自2012年竞购尼克森以来，中海油一直受到加拿大利益相关者的密切关注。尼克森的领导团队尤其承受着与加拿大政界人士、非政府组织和媒体打交道的压力。在经历一系列的危机之后，中海油高层不得不重新评估其在加拿大的业务和战略。对危机事件的处理是否恰当，或者是否应该改变其沟通策略。

与此同时，人们开始质疑中海油的国际增长战略本身是否需要调整。中海油如何才能改变其运营流程，以确保安全生产。中海油是否应该削减亏损，减少在加拿大的业务，尤其是在油砂行业。或者，中海油是否应该调整其加拿大业务，换种方式使用其加拿大资产。

注释

1. Chester Dawson, "Canada's Nexen Directed to Contain Oil Pipeline Spill in Alberta," *Wall Street Journal*, July 17, 2015, accessed December 1, 2016, www.wsj.com/articles/canadas-nexen-apologizes-for-oil-pipeline-spill-in-alberta-1437162032.

2. Chester Dawson, "Second Worker Dies after Explosion at CNOOC Oil-Sands Plant in Canada," *Wall Street Journal*, January 26, 2016, accessed December 1, 2016, www.wsj.com/articles/secondworkerdiesafterexplosionatcnoocoilsandsplantincanada1453849665.

3. Isabella Steger, "Chinese Oil M&A-Who's Next, Where Next?" *Wall Street Journal*, July 24, 2012, accessed December 1, 2016, http://blogs.wsj.com/deals/2012/07/24/chinese-oil-ma-%E2%80%93-whos-next-where-next.

4. "2012 Brief: Average 2012 Crude Oil Prices Remain Near 2011 Levels," U.S. Energy Information Administration, January 10, 2013, accessed December 1, 2016, www.eia.gov/todayinenergy/detail.cfm?id=9530.

5. Steger, op. cit.

6. Yadullah Hussain, "What's Next? In Wake of CNOOC's Buy of Nexen, Energy Relations between China and Canada Are in Early States of Exploration Mixed with Uncertainty," *National Post*, March 8, 2013.

7. Karen Richardson, "CNOOC's Shares Advance 18% in IPO, Amid Interest in China-Related Issues," *Wall Street Journal*, March 1, 2001, accessed December 1, 2016, www.wsj.com/articles/SB983385947968220149.

8. "About: Dynamic Board, Official News," CNOOC, accessed December 1, 2016, www.cnooc.com.cn/col/col641/index.html.

9. "China Oil Firm CNOOC Buys Texas Assets," *BBC*, October 11, 2010, accessed December 1, 2016, www.bbc.co.uk/news/business-11513424.

10. "History: Our Story," Nexen, accessed December 1, 2016, www.nexencnoocltd.com/en/AboutUs/History.aspx.

11. Claudia Cattaneo, "Hard Lessons for OPTI in the Oil Sands," *Financial Post*, February 2, 2011, accessed December 1, 2016, www.financialpost.com/Hard+lessons+sands/4213400/story.html.

12. "Long Lake 2010 – Subsurface Performance Presentation," Nexen, March 16, 2011, accessed December 1, 2016, www.aer.ca/documents/oilsands/insitu-presentations/2011AthabascaNexenLongLakeSAGD9485.pdf.

13. "Nexen to Acquire 15% Interest in Long Lake Project from JV Partner Opti for C $735MM," *Oil and Gas Investor*, December 17, 2008, accessed December 1, 2016, www.oilandgasinvestor.com/nexen-acquire-15-interest-long-lake-project-jv-partner-opti-c735mm-453156.

14. Cattaneo, op. cit.

15. Ibid.

16. Chester Dawson, "How a Chinese Firm Slipped on Canadian Oil Sands," *Wall Street Journal*, July 22, 2015, accessed December 1, 2016, www.wsj.com/articles/how-china-slipped-on-canadas-oil-sands-1437616832.

17. Aibing Guo, Benjamin Haas and Rakteem Katakey, "Biggest China Deal Sours as CNOOC Ratings Hit 3-Year Low," *Bloomberg*, December 14, 2012, accessed December 1, 2016, www.bloomberg.com/news/articles/2012-12-14/biggest-china-deal-sours-as-cnooc-ratings-hit-3-year-low.

18. Tim Kiladze, "OPTI's Future Looking Bleak," *The Globe and Mail*, February 2, 2011, accessed December 1, 2016, www.theglobeandmail.com/globe-investor/optis-future-looking-bleak/article587529.

19. Edward Welsch, Paul Vieira and Yvonne Lee, "CNOOC Sets Canadian Deal," *Wall Street Journal*, July 20, 2011, accessed December 1, 2016, www.wsj.com/articles/SB10001424052702303795304576457121216529368.

20. Tara Lachapelle and Bradley Olson, "Nexen $3.3 Billion Windfall Signaled with CEO Exiting," *Bloomberg*, January 12, 2012, accessed De-

cember 1, 2016, www. bloomberg. com/news/articles/2012-01-12/nexen-3-3-billion-windfall-signaled-with-ceo-exiting-real-m-a.

21. "Annual Report 2012," Nexen, accessed December 1, 2016, www. nexencnoocltd. com/∼/media/Files/ResponsibleDevelopment/2012/GRI/Nexen-2012-AIF-p40. ashx.

22. Nelson Ching, "CNOOC Buys Nexen in China's Top Overseas Acquisition," *Bloomberg*, July 24, 2012, accessed December 1, 2016, www. bloomberg. com/news/articles/2012-07-23/cnooc-to-buy-canada-s-nexen-for-15-1-billion-to-expand-overseas.

23. Roberta Rampton and Scott Haggett, "CNOOC-Nexen Deal Wins U. S. Approval, Its Last Hurdle," *Reuters*, February 12, 2013, accessed December 1, 2016, www. reuters. com/article/us-nexen-cnooc-idUSBRE91B0SU20130212.

24. Katia Dmitrieva and Theophilos Argitis, "CNOOC-Nexen Deal 'Moving Along' as Canada Develops Policy," *Bloomberg*, November 28, 2012, accessed December 1, 2016, www. bloomberg. com/news/articles/2012-11-27/cnooc-nexen-deal-moving-along-as-canada-develops-policy.

25. Andrew Mayeda and Greg Quinn, "Canada Approves Both CNOOC-Nexen, Petronas-Progress Deals," *Bloomberg*, December 8, 2012, accessed December 1, 2016, www. bloomberg. com/news/articles/2012-12-07/canada-approves-both-cnooc-nexen-petronas-progress-bids.

26. "Premier Redford Says Investment Approvals Good Business Decision," Alberta Government, December 7, 2012, accessed December 1, 2016, www. alberta. ca/release. cfm? xID = 3340577C29444-E5C1-B22E-658F664C3A0F153D.

27. "CNOOC's Nexen Bid: Shareholders Approve $15. 1bn Deal," *BBC*, September 21, 2012, accessed December 1, 2016, www. bbc. co. uk/news/business-19671219.

28. "Nexen Jumps on CNOOC Takeover Optimism," *Bloomberg*, December 2,

2012, accessed December 1, 2016, www.bloomberg.com/news/articles/ 2012-12-03/nexen-jumps-on-cnooc-takeover-optimism.

29. Heather Scoffield and Stephanie Levitz, "CNOOC-Nexen: Takeover Decision Pivotal for Harper Agenda," *The Globe and Mail*, December 4, 2012, accessed December 1, 2016, www.theglobeandmail.com/report-on-business/industry-news/energy-and-resources/decision-on-cnooc-nexen-takeover-pivotal-for-harper-agenda/article4905299.

30. Ibid.

31. Julian Beltrame, "Report Urges Halt to Future Chinese Takeover of Canadian Firms," *The Globe and Mail*, June 6, 2013, accessed December 1, 2016, www.theglobeandmail.com/report-on-business/industry-news/energy-and-resources/report-urges-halt-to-future-chinese-takeovers-of-canadian-firms/article12396821.

32. Leslie Hook and Jack Farchy, "Chinese Group Awaits CNOOC-Nexen Verdict," *Financial Times*, December 7, 2012, accessed December 1, 2016, https://next.ft.com/content/3fea09c0-403d-11e2-8f90-00144feabdc0.

33. Theophilos Argitis and Andrew Mayeda, "CNOOC Said to Agree on Canada Demands for Nexen Takeover," *Bloomberg*, November 21, 2012, accessed December 1, 2016, www.bloomberg.com/news/articles/2012-11-20/cnooc-said-to-agree-on-canada-demands-for-nexen-takeover.

34. Mayeda and Quinn, "Canada Approves Both CNOOC-Nexen, Petronas-Progress Deals," op. cit.

35. Aibing Guo, "CNOOC-Nexen Decision Is Probable by December 10, Ambassador Says," *Bloomberg*, November 6, 2012, accessed August 7, 2016, www.bloomberg.com/news/articles/2012-11-05/canada-s-dec-10-cnooc-nexen-review-the-last-ambassador-says.

36. Andrew Mayeda and Greg Quinn, "Canada Toughens Oil Sands Investment Rules as Nexen, Progress Takeovers Approved," *Bloomberg*, December 7, 2012, accessed December 1, 2016, http://business.financialpost.com/

news/energy/nexen-progress-canada-oil-sands-state-owned-firms.

37. Rebecca Penty, "CNOOC Wins Final Approval for $15.1 Billion Nexen Buy," *Bloomberg*, February 13, 2013, accessed December 1, 2016, www.bloomberg.com/news/articles/2013-02-12/cnooc-wins-final-approval-for-15-1-billion-nexen-buy; Rebecca Penty and Sara Forden, "CNOOC Said to Cede Operating Control of Nexen's U.S. Gulf Assets," *Bloomberg*, March 2, 2013, accessed December 1, 2016, www.bloomberg.com/news/articles/2013-03-01/cnooc-said-to-cede-control-of-nexen-s-u-s-gulf-assets.

38. Benjamin Haas and Aibing Guo, "CNOOC Profit Declines on Capital Spending, Slowing Output," *Bloomberg*, March 22, 2013, accessed December 1, 2016, www.bloomberg.com/news/articles/2013-03-22/cnooc-profit-falls-on-capital-spending-slowing-output-growth.

39. Claudia Cattaneo, "Nexen Chief Kevin Reinhart to Be Replaced by CNOOC Executive Fang Zhi," *Financial Post*, April 23, 2014, accessed December 1, 2016, http://business.financialpost.com/news/energy/nexen-cnooc-kevin-reinhart?__lsa=944b-a27c.

40. "CNOOC Faces More Challenges after Key Overseas Acquisition, Say Expert," *Global Times*, February 27, 2013, accessed December 1, 2016, www.globaltimes.cn/content/764597.shtml.

41. Kristine Aquino and Charles Mead, "CNOOC Raises $4 Billion in Biggest Asian Dollar Bond Since 2003," *Bloomberg*, May 2, 2013, accessed December 1, 2016, www.bloomberg.com/news/articles/2013-05-03/cnooc-raises-4-billion-in-biggest-asian-dollar-bond-since-2003.

42. Aibing Guo, "CNOOC Wins Approval to Trade Shares on Toronto Stock Exchange," *Bloomberg*, September 16, 2013, accessed December 1, 2016, www.bloomberg.com/news/articles/2013-09-17/cnooc-wins-approval-to-trade-shares-on-toronto-stock-exchange.

43. "Annual Report 2013," CNOOC, accessed December 1, 2016, www.cnoocltd.com/upload/Attach/mrfj/2014/04/2395984295.pdf.

44. Ibid.

45. "Annual Report 2014," CNOOC, op. cit.

46. "Short-Term Energy and Winter Fuels Outlook," U. S. Energy Information Administration, July 31, 2016, accessed December 1, 2016, www. eia. gov/forecasts/steo.

47. "Annual Report 2015," CNOOC, accessed December 1, 2016, www. cnooc. com. cn/attach/0/1606121709183861352. pdf.

48. Claudia Cattaneo, "CNOOC Ltd Eyes US $ 5-Billion Writedown at Nexen after Announcing Major Investment Cuts," *Financial Post*, February 3, 2015, accessed December 1, 2016, http://business. financialpost. com/news/energy/cnooc-ltd-eyes-us5-billion-writedown-at-nexen-after-announcing-major-investment-cuts.

49. Dawson, op. cit.

50. Cattaneo, op. cit.

51. Ibid.

52. "Annual Report 2015," CNOOC, op. cit.

53. MarEx, "CNOOC Announces 2016 Business Strategy," *Maritime Executive*, January 19, 2016, accessed December 1, 2016, www. maritime-executive. com/article/cnooc-announces-2016-business-strategy.

54. "Nexen Shuts Down Long Lake Project over Regulatory Failure," *The Globe and Mail*, September 2, 2015, accessed December 1, 2016, www. theglobeandmail. com/report-on-business/video/video-nexen-shuts-down-long-lake-project-over-regulatory-failure/article 26193058.

55. Dawson, op. cit.

56. CBC News, "Huge Alberta Pipeline Spill," YouTube, July 17, 2015, accessed December 1, 2016, www. youtube. com/watch? v = LVSy8N5IEt4.

57. BNN Video, "Alberta Energy Regulator: Nexen Spill Clean-Up Well under Way," *The Globe and Mail Video*, July 17, 2015, accessed December 1, 2016, www. theglobeandmail. com/report-on-business/video/video-alberta-en-

ergy-regulator-nexen-spill-clean-up-well-underway/article25553658.

58. CP Video, "Nexen CEO Personally Apologizes for Consequences Pipeline Rupture 'May Have' Caused," *The Globe and Mail video*, July 23, 2016, accessed December 1, 2016, www.theglobeandmail.com/report-on-business/video/video-nexen-ceo-calls-pipeline-failure-disappointing-on-visit-to-site/article25634592.

59. "Nexen Says Alberta Oil Spill Began as Early as June 29," *CTV News*, July 22, 2015, accessed December 1, 2016, www.ctvnews.ca/canada/nexen-says-alberta-oil-spill-began-as-early-as-june-29-1.2481186.

60. "Nexen Long Lake Pipeline Failure," Alberta Energy Regulator, accessed December 1, 2016, www.aer.ca/compliance-and-enforcement/nexen-long-lake.

61. BNN Video, "Nexen, Syncrude Hit by Production Setbacks in the Oil Sands," *The Globe and Mail Video*, August 31, 2015, accessed December 1, 2016, www.theglobeandmail.com/report-on-business/video/video-nexen-syncrude-hit-by-production-setbacks-in-the-oil-sands/article26161974; The Canadian Press, "Nexen Energy Shuts down Long Lake Oil Sands on Pipeline Suspension Order," *Financial Post*, September 2, 2015, accessed December 1, 2016, http://business.financialpost.com/news/energy/nexen-energy-shuts-down-long-lake-oilsands-on-pipeline-suspension-order?__lsa=c009-7015.

62. Reuters, "Nexen Energy's Long Lake Oil Sands Facility Resumes Full Output," *Financial Post*, September 17, 2015, accessed December 1, 2016, http://business.financialpost.com/news/energy/nexen-energys-long-lake-oil-sands-facility-resumes-full-output?__lsa=c009-7015.

63. Carolyn King and Chester Dawson, "Fatal Explosion Shuts Nexen Energy Facility," *Wall Street Journal*, January 15, 2016, accessed December 1, 2016, www.wsj.com/articles/fatal-explosion-shuts-nexen-energy-facility-1452912676.

64. Dali Carmichael, "Operations at Nexen Long Lake Suspended Following Fatal Explosion," *Northern Journal*, January 27, 2016, accessed December 1, 2016, https://norj.ca/2016/01/operations-at-nexen-long-lake-suspended-following-fatal-explosion.

65. "Our Thoughts Are with the Families: Chinese Energy Company Nexen Apologises after Explosion at Canada Oil Sands Site," *South China Morning Post*, January 17, 2016, accessed December 1, 2016, www.scmp.com/news/world/article/1901950/our-thoughts-are-families-chinese-energy-company-nexen-apologises-after.

第9章

艾尔建在南非的并购：
通过情境领导维持文化

本案例由 Caren Scheepers 和 Deepa Sita 撰写。本案例仅作为课堂讨论材料，作者无意暗示某种管理行为是否有效。作者对真实姓名等信息进行了必要的掩饰性处理。

未经 Richard Ivey School of Business Foundation 书面授权，禁止任何形式的复制、收藏或转载。本内容不属于任何版权组织授权范围。如需订购、复制或引用有关资料，请联系 Ivey Publishing, Ivey Business School, Western University London, Ontario, Canada, N6G0N1; Phone：(519) 661-3208; E-mail：cases@ ivey. ca。

Copyright © 2016, Richard Ivey School of Business Foundation

版本：2016-11-29

行业背景

艾尔建有限公司

艾尔建有限公司（简称艾尔建）成立于1977年4月14日，是一家专注于医药、生物制品、医疗器械和非处方产品开发生产的多元化医疗保健公司。它为眼科、康复、医疗美容、医学皮肤病、乳房美容、泌尿等专业市场研究、开发并生产了一系列产品。艾尔建的业务分为专业药品和医疗设备两个部分。其最著名的产品是具有治疗和美容效用的保妥适（Botox），其他产品则有用于干眼病、青光眼、炎症、感染、过敏和视网膜疾病治疗的眼科产品、非处方皮肤护理产品以及泌尿产品。医疗设备部门所生产的医疗设备有用于隆胸、修复和整形手术的乳房植入体、组织扩张器以及面部美容产品。

艾尔建通过其在约40个国家（和地区）的销售子公司直接销售产品，产品由100多个国家（和地区）的独立经销商销往世界各地。它设立了一个战略营销团队，以及区域销售和市场组织，以支持其产品在各个国家（和地区）的推广和销售。莫尼·斯廷坎普（Morné Steenkamp）于2013年成为艾尔建在南非的总经理。

以抗皱治疗的保妥适而闻名的艾尔建，在2015年3月和阿特维斯集团（Actavis）合并后，已成为美国第三大仿制药品生产商。令斯廷坎普感兴趣的是，《财富》杂志的分析师认为，艾尔建是"由2012年以来的五笔重大交易塑造的公司，是近期制药行业并购狂潮的象征"。[1]基于 2015 年 3 月 16 日的股票价格，艾尔建的市值是 7 389 308 万美元，包括 307 605 860 股流通股。艾尔建在纽约证券交易所的股票代码是 AGN，2015 年 1 月其股票以 219.26 美元的市价卖出，到 2015 年 2 月，其市价已经达到 232.74 美元。该公司的主要股东是爱尔兰的艾尔建公司，2013 年 12 月该公司的营业收入为 130.62 亿美元，拥有 21 600 名员工。另一大股东是美国的阿特维斯集团，其股份超过 50%。2014 年 11 月，阿特维斯首次宣布已达成并购艾尔建的协议，这阻止了瓦伦特国际制药公司（简称瓦伦特）的恶意并购。[2]

在过去的 5 年里，艾尔建的收入规模持续增长，从 2010 年的约 49 亿美元稳步增长到 2014 年的约 72 亿美元（见表 1）。[3]这是一个在 5 年中增长了 47.1% 的健康成长曲线。相比之下，阿特维斯的财富增长更为迅速，从 2010 年的约 36 亿美元增长到 2014 年的约 131 亿美元，5 年中增幅超过 264%（见表 2）。在收入方面，2012 年以前，艾尔建都是两家公司中比较多的那家，但 2012 年以后，阿特维斯把艾尔建远远地甩在了身后。然而，两家公司的利润状况却截然相反。2014 年，艾尔建的净利润约为 15 亿美元，而阿特维斯继 2013 年亏损 7.504 亿美元之后，报告亏损超过 16 亿美元。亏损反映了阿特维斯的无序增长。

表 1　艾尔建资产负债表节选

单位：美元

维度	2010 年	2011 年	2012 年	2013 年	2014 年
销售额	4 919 400	5 216 000	5 646 600	6 300 400	7 237 900
销售成本	-602 900	-550 700	-584 700	-657 800	-706 700
毛利润	4 316 500	4 665 300	5 061 900	5 642 600	6 531 200
息税前利润	258 600	1 374 600	1 611 000	1 809 300	2 009 300

（单位：美元）（续表）

维度	2010 年	2011 年	2012 年	2013 年	2014 年
息税折旧及摊销前利润	1 539 300	1 698 400	1 973 200	2 184 600	2 663 300
股票的价格	68.67	87.74	91.73	111.08	212.59

资料来源：Osiris company report of Allergan Inc. Reference number：2270, June 25, 2015, 1-42。

表 2　阿特维斯、艾尔建、梯瓦三家公司收入利润表

单位：百万美元

截至 12 月 31 日	2010 年	2011 年	2012 年	2013 年	2014 年
阿特维斯总收入	3 566.9	4 584.4	5 914.9	8 677.6	13 062.3
阿特维斯净利润	284.4	260.9	97.3	-750.4	-1 630.5
艾尔建总收入	4 919.4	5 216.0	5 464.6	6 300.4	7 237.9
艾尔建净利润	0.6	934.5	1 098.8	985.1	1 524.2
梯瓦总收入	16 121.0	18 312.0	20 317.0	20 314.0	20 272.0
梯瓦净利润	3 331.0	2 759.0	1 963.0	1 269.0	3 055.0

资料来源："Industry Trend Analysis：Allergan Acquisition Will Put Actavis Head-to-Head with Teva," BMI Research, March 18, 2015。

BMI 研究在 2015 年 6 月报告称，艾尔建除了对围绕自己行业的公司开展引人注目的收购，也和凯希拉生物制药（Kythera）签订了最终协议，即艾尔建同意收购 Kythera（一家致力于为美容医学市场研究、开发和商业化新处方产品的生物制药公司）。[4] 以满足某些惯例条件为前提，艾尔建将以每股 75 美元的交易价格或以总计 21 亿美元进行现金和股票交易。固定值交易价款 80%以现金形式支付，20%以向 Kythera 股东发行的新艾尔建股票形式支付。

阿特维斯与合并

汤森路透（Thomson Reuters）的数据显示，截至 2015 年 7 月 23 日，

跨国并购后的整合:有效规划的案例

全球医疗保健行业的并购交易规模已经达到3 985亿美元,同比增长80%。艾尔建的主要股东之一——阿特维斯是一个在60多个国家(和地区)专注于非处方药、仿制药、传统品牌药物的开发、制造、营销、配送的全球性综合专业制药公司。这些产品包括口服、皮下渗透、注射和黏膜类产品,用于预防妊娠失败、疼痛管理以及抑郁、高血压和烟瘾在内的多种病症治疗。

阿特维斯的前身是美国全球仿制药生产商沃森(Watson)制药公司,在美洲、欧洲和亚洲运营。2012年,它与瑞士领先的全球仿制药生产商阿特维斯集团合并。2013年1月更名为阿特维斯股份有限公司。阿特维斯的总部位于爱尔兰的都柏林,图1为对阿特维斯的SWOT分析。

优势(S)	劣势(W)
• 先前和沃森公司以及阿特维斯公司的合并扩张了产品线及其地理覆盖区域 • 强化了研究与开发部门的职能,这有助于改进产品线 • 最近在制药业务的分销和品牌化方面进行的多元化	• 最大的劣势是对第三方制造商的高度依赖
机会(O)	威胁(T)
• 最显著的机会是和艾尔建的合并,这能扩大阿特维斯的产品组合,并如同与沃森公司的合并会扩大产品覆盖地理范围 • 阿特维斯增强了在利润丰厚的生物非品牌药市场的存在感 • 由于和森林实验室公司的整合,特种药品成为另一个机会	• 最大的威胁是日益增强的政府管制,特别是在非品牌药业务方面 • 另一个威胁是分销业内部的竞争加剧

图1 对阿特维斯的SWOT分析

S:Strength,优势;W:Weakness,劣势;O:Opportunity,机会;T:Threat,威胁。
资料来源:作者根据相关资料整理。

2014年11月,阿特维斯签署了一份并购多元化医疗保健公司艾尔建的最终协议,以129.22美元现金和0.3683股阿特维斯股票的组合收购艾尔建的 1 股普通股，即以合计约 660 亿美元的总交易价值或每股股票 219 美元的价格收购艾尔建。2015 年 6 月 15 日，纽约证券交易所开盘钟声敲响后，阿特维斯采用了艾尔建作为其新的名称，并以新的代号 AGN 开始交易。保罗·M. 比萨罗（Paul M. Bisaro）任执行委员会的执行主席，布伦顿·L. 桑德斯（Brenton L. Saunders）任首席执行官兼执行委员会主席。图 2 为收购的概念框架。

图 2 收购的概念框架

资料来源：Created by the authors based on Athina Vasilaki, "Enhancing Post-Acquisition Organizational Performance: The Role of Ledership" (doctoral dissertation, Middlesex University London, 2009); Yaakov Weber, Shlomo Y. Tarba and Arie Reichel, "A Model of the Influence of Culture on Integration Approaches and International Mergers and Acquisitions Performance," *International Studies of Management & Organization* 41, no. 3 (2011): 9-24。

BMI 研究在 2015 年 3 月报告称,虽然并购艾尔建后,阿特维斯旗下品牌的收入占据了中心位置,但仿制药仍将是一个重要的组成部分。[5]阿特维斯有望在 2015 年实现营业收入大幅增长,首次超过以色列的竞争对手梯瓦制药公司,从而在这两家商业模式非常相似的公司之间展开争夺主导权的竞争。仅就仿制药而言,梯瓦在 2015 年独占鳌头,但两家公司竞争中梯瓦很可能会将桂冠拱手让给阿特维斯,这在几年前是不可想象的。然而,出乎意料的是,梯瓦以 405 亿美元的现金和股票收购了艾尔建的仿制药业务,这巩固了梯瓦世界头号仿制药生产商的地位,同时也让艾尔建得以专注于品牌药和偿还债务。这是以色列公司历史上规模最大的一笔交易,梯瓦因此获得了更强大的规模经济,这在利润率较低的仿制药业务中至关重要。

管理收购

建立一个"超级部落"

斯廷坎普想起了艾尔建更稳定的一段时间。2010—2013 年,他和人力资源总监莫伦蒂亚·格尔茨(Maurentia Gertze)创立并发展了"超级部落"(Supertribe)。斯廷坎普的这个想法来自雷·伊梅尔曼(Ray Immelman)的一本书,书中用"超级部落"一词来形容工作文化,强调以人为本和以客户为中心的价值观必须根植于公司文化中。[6]随后,他和格尔茨都全力以赴推行这个想法。

斯廷坎普和格尔茨也受到史蒂芬·柯维(Stephen Covey)《高效能人士的七个习惯》(*The 7 Habits of Highly Effective People*)一书中所描述的"要事第一"观念的影响。[7]斯廷坎普的整个团队参加了一个为期六个月的项目，以鼓励他们实现个人目标，展现团队活力，并建立执行团队的有效性。2014年10月16日，艾尔建南非公司获得了化学和制药行业"最适合工作的公司"的殊荣。

在经历多次被收购试探中寻求出路

2014年，斯廷坎普面临着艰巨的任务，当时的竞争对手瓦伦特试图恶意收购艾尔建。2014年4月22日，瓦伦特抛出了一个460亿美元的收购报价，并于2014年5月28日将报价提高至530亿美元。斯廷坎普回忆了那次令人困惑的沟通——瓦伦特的激进举动在公司与员工或客户沟通之前就提前泄露给了媒体。使谈判特别困难的是，在进行某些谈判时，斯廷坎普被限制向他的工作人员透露任何信息，被要求必须在正式公报公布之前保密。他在纽约和伦敦的国际及地区总部之间起到了缓冲作用，他必须保持能量，在逆境中进行有效领导。

2015年6月，艾尔建宣布了一项名为"Endurance"的项目，该项目旨在优化生产力。由于项目节流导致一些工作岗位被取消，几名雇员遭到辞退，斯廷坎普亲自处理所有的协商和沟通，在整个过程中展现出了有效的领导力。从2015年3月16日阿特维斯完成收购的整合过程开始，斯廷坎普的任务就是处理员工间的冲突，以及促进两个组织之间的融合。

还有一段过渡期，斯廷坎普不确定他是否会获得最高职位，但他仍必须与阿特维斯南非公司前首席执行官竞争职位。在伦敦的一次会议上，当艾尔建地区主管解释收购理由时，斯廷坎普也自信地表达了自己的愿景，并向员工推销了合并公司的想法。斯廷坎普很快意识到，他必须有目的地适应自己的新角色，并尽快了解公司新的环境、产品、服务和制造业务。

斯廷坎普着重分析了新环境，他阅读哈佛大学乔治·梅奥（George Mayo）和尼汀·诺里亚（Nitin Nohria）的著作，推介他们的见解并付诸行动。[8]除此之外，对斯廷坎普而言，全球视野是非常重要的，他是全球子公司和国际职能部门之间的纽带。斯廷坎普很高兴艾尔建没有被要求更改名称，因为保留公司名称将有助于艾尔建员工接受并购。

正如罗伯特·库茨（Robert Kutz）在领导者情境智力模型中建议的那样，斯廷坎普还试图深入了解这两个组织的历史，以增强自己的洞察力。[9]斯廷坎普具有强烈的文化敏感性，并且努力地去了解这两家公司的文化差异。他以理解阿特维斯的组织文化为己任，并积极主动地主导两种文化的整合。他试图与其执行团队一起尽可能顺利地整合两者的职能、政策和实践。

斯廷坎普是一个价值观导向型的领导者，他向员工传达了信任。他努力通过表现出信任、正直和纯粹来成为一个真正的领导者。在紧缩开支期间，斯廷坎普收到了去瑞士滑雪度假的邀请。尽管因为公司整合他付出了很多，已经疲惫不堪，但当时一些员工正面临着失业，经过深思熟虑，他放弃了这次度假机会。阿特维斯的员工对他的信任度很低，他不想让情况变得更糟。让事情变得更加困难的是和国际母公司的沟通：有时进展缓慢，并且缺乏对整合过程的详细计划。两家公司的产品、客户和文化都不同。

收购后的整合干预措施

斯廷坎普思考了理查德·布兰森（Richard Branson）关于文化的观点：文化的力量大于战略。[10]他意识到，必须主动采取措施，解决公司之间的文化差异，并阐明哪些价值观将被转移到新公司。斯廷坎普与文化整合顾问签订了合同，后者会采访两家公司的员工，并举办研讨会，讨论如何从两家公司中挖掘出最好的一面。斯廷坎普和格尔茨特意设计了一些专门的交流活动，比如在正式的公司聚会上，他们向两家公司的员工发表演讲，还定期发布关于整合过程的实时信息。

在并购后的整合过程中,一个成功的关键因素是让员工和管理者能够参与到这个过程中,以便他们相互协作。例如,搬迁至新的大楼并将信息技术、财务、人力资源、市场营销及销售等职能进行整合。对斯廷坎普来说,重要的是他的执行团队要透明,要对他们的表现和决策负责。斯廷坎普经常提到,他的人力资源部门在协商、改组和裁减一些员工方面发挥了重要作用。南非《劳工关系法》第 1995 号法令中规定了有关协商削减开支以促进经济发展、社会正义、劳工和平和工作场所民主的具体程序。

并购带来的冲击

斯廷坎普意识到,并购总是会带来改变,打乱收购方和被收购方的日常运作。调查显示,当公司合并时,新组织实体的员工可能会受到三个令人不安的事实影响:一是发生了他们可能无法控制的重大事件;二是未来具有不确定性;三是他们可能会面临工作、职场关系以及最终家庭关系的变化。这些经历反过来会导致工作满意度、工作效率和工作承诺的降低。斯廷坎普自己也经历过这些,他非常清楚这种变化所带来的巨大压力。他注意到,受收购带来的快速变化和不确定性影响最大的是员工。他原先预计高度不确定性情况下员工的离职率会很高,但艾尔建南非公司的人员离职率低于他的预期。

斯廷坎普坚持认为,只有通过有目的的整合过程管理,才能实现收购的长期成功和有效性。这个管理过程包括有效的沟通以及对收购双方个体关注和期望的敏感性。斯廷坎普延长了工作时间,以确保他白天有时间与员工和客户会面。他花了大量时间与客户会面,开会解释收购的理由以及对客户业务的影响。

客户和客户论坛

除了与不同的员工组织和部门进行沟通，斯廷坎普还主动与公司的客户、客户论坛和其他组织进行沟通。他和执行团队必须确保在媒体报道前将新的发展情况告知这些组织。斯廷坎普与他们分享并购后整合的愿景、新产品和服务计划。除了沟通这些变化，他们还必须分享保持不变的东西，比如，艾尔建南非公司珍视的以客户为中心的价值观。

斯廷坎普和他的管理团队必须清晰阐明收购的目的，通过阐述收购预期要实现的目标来协调整合过程，必须加快对客户和顾客群体的反馈，迅速解决复杂的问题，并且主动处理他们对公司业务的看法。斯廷坎普利用许多沟通论坛来推销收购后的新产品和服务。

未来的挑战

然而，随着整合的顺利进行，当斯廷坎普和他的管理团队都以为进入了一个不那么混乱的阶段时，另一波收购浪潮接踵而至。斯廷坎普知道，这种情况下他必须保持冷静，向他人传达信任。现在，为了展示他们的情境领导才能，远见变得至关重要。他的执行团队不得不主动管理另一次整合，这次是与辉瑞——一个大型制药公司。辉瑞提出以 1 600 亿美元的价格并购艾尔建。这笔交易是医疗行业有史以来金额最大的一笔，它将缔造全球最大的制药公司，并将辉瑞的总部迁至爱尔兰。合并后的集团将远远领先于美国第二大制药公司默克公司（年销售额约为 400 亿美元）。

为了避免潜在的限制，这个交易被安排为由总部位于都柏林的艾尔建收购辉瑞。尽管合并后的公司将被称为辉瑞并将继续由首席执行官伊恩·里德（Ian Read）领导，艾尔建首席执行官桑德斯会担任高管，并专注于运营和整合。桑德斯曾因帮助先灵葆雅公司（Schering-Plough）克服严重的质量问题而赢得赞誉，他曾领导先灵葆雅与默克公司的整合，因此，在收购整合方面也有经验。

桑德斯还将在合并后的公司董事会拥有一个席位。合并后的公司年销售额可能达到 640 亿美元。辉瑞拥有使用广泛的药物，如立普妥（Lipitor）、万艾可（Viagra）和治疗神经疼痛的乐瑞卡（Lyrica）等。此笔交易将实现里德的夙愿，即通过反向交易，使辉瑞摆脱美国 35% 的企业税率——美国是全球企业税率最高的国家之一，而爱尔兰的税率是 12.5%。

在艾尔建南非公司的走廊和客户论坛上，这些发展趋势总是热门话题。斯廷坎普担心这会分散员工的注意力，让他们难以集中精力在自己的实际业务上。斯廷坎普关注的是如何在保持发展势头和"超级部落"文化的同时，维护市场上的正面形象——始终致力于再次融入一个新的实体。他意识到，他的情境领导技能将在这个极不稳定、并购狂热的制药行业再一次经受考验。他期待着下个周末的直升机飞行：辽阔的天空可以令他俯视全局，畅想未来，迎接挑战。

注释

1. Stacy Jones, Kacy Burdette and JenWieczner, "From Actavis to Allergan: One Pharma Company's Wild Dealmaking Journey," *Fortune*, July 30, 2015, accessed November 8, 2015, http://fortune. com/2015/07/30/actavis-allergan-timeline/.
2. Morné Steenkamp, (presentation, Gordon Institute of Business Science, University of Pretoria, South Africa, August 20, 2015); Allergan, "Actavis to Acquire Allergan to Create Top 10 Global Growth Pharmaceutical Company

with $23 Billion in Revenue," press release, November 17, 2014, accessed November 8, 2016, www.allergan.com/news/news/thomson-reuters/actavis-to-acquire-allergan-to-create-top-10-globa; "Industry Trend Analysis: Allergan Acquisition Will Put Actavis Head-to-Head with Teva," BMI Research, March 18, 2015.

3. "Actavis to Acquire Allergan to Create Top 10 Global Growth Pharmaceutical Company with $23 Billion in Revenue," op. cit.

4. Allergan, "Allergan to Acquire Kythera Biopharmaceuticals," press release, June 17, 2015, accessed November 8, 2016, www.allergan.com/news/news/thomson-reuters/allergan-to-acquire-kythera-biopharmaceuticals.

5. BMI Research, op. cit.

6. Ray Immelman, Great Boss, *Dead Boss: How to Exact the Very Best Performance from Your Company and Not Get Crucified in the Process* (Gurnee: Stewart Phillip International, 2003).

7. Stephen R. Covey, *The 7 Habits of Highly Effective People* (New York: Simon and Schuster, 1989).

8. Anthony J. Mayo and NitinNohria, "Zeitgeist Leadership," *Harvard Business Review* 83, no. 10 (Oct. 2005): 45–60.

9. Matthew Kutz, "Toward a Conceptual Model of Contextual Intelligence: A Transferable Leadership Construct," *Leadership Review* 8 (2008): 18–31.

10. Richard Branson, *Screw It, Let's Do It: Lessons in Life and Business* (London: Virgin Books, 2009).

第10章

沃特斯啤酒：重组谈判

本案例由 Klaus Meyer 教授撰写。本案例仅作为课堂讨论材料,作者无意暗示某种管理行为是否有效。作者对真实姓名等信息进行了必要的掩饰性处理。

未经 Richard Ivey School of Business Foundation 书面授权,禁止任何形式的复制、收藏或转载。本内容不属于任何版权组织授权范围。如需订购、复制或引用有关资料,请联系 Ivey Publishing, Richard Ivey School of Business Foundation, The University of Western Ontario, London, Ontario, Canada, N6A3K7; Phone:(519) 661-3208; Fax:(519) 661-3882; E-mail:cases@ivey.uwo.ca。

Copyright © 2012, Richard Ivey School of Business Foundation

版本:2012-03-19

介 绍

2000年以来，比利时跨国啤酒公司英特布鲁（Interbrew）在整个欧洲迅速发展。它在多个国家及地区中都取得了市场领先地位，特别是在东欧。2005年，公司成为保加利亚、克罗地亚、匈牙利、塞尔维亚和乌克兰的市场领导者，市场份额为29%至46%。在德国，英特布鲁一直试图在这个欧洲最大但仍高度分散的啤酒市场上建立稳固的地位，其年销售量超过1亿百升。英特布鲁已经收购了德国的一些著名的品牌，例如，位于北部不来梅市的贝克（Beck's）和南部巴伐利亚市的教士（Franziskaner）。2003年，英特布鲁通过收购总部位于汉诺威市的杰尔德（Gilde），获得了巩固其地位的重大机遇。该公司是哈斯瑟罗德（Hasseröder）的所有者，哈斯瑟罗德是一个在德国东部地区尤为著名的民族品牌。

2004年，英特布鲁与巴西安贝夫（Ambev）合并，成立了英博集团（InBev），缔造了世界上最大的酿造业跨国公司。在德国，英博成为第二大品牌，经营着八家工厂，市场份额为10.1%。然而，在一系列收购之后，英博面临着将收购的业务整合到符合其全球战略的全德业务的挑战。一些本地品牌（例如杰尔德和沃特斯）主要在当地有影响力，对英博的全球战略并不重要。此外，一些酿酒厂仍然使用过时的技术，并且运行效率低于有效规模。因此，需要关闭一些设施，并且将运营集中在少数几个配备了现代化生产工厂的地方。但是,该策略的实施面临着来自员工和当地社区的抵制。

全球背景

啤酒是非常传统的产品。在中世纪,大多数欧洲城市甚至修道院都有悠久的酿造传统,这促进了当地企业和品牌的形成,以及消费者对当地啤酒的高度忠诚。但是,随着行业集中度的迅速提高,全球化浪潮在20世纪八九十年代改变了酿造业:国内市场领导者运用卓越的管理实践和配方,打入了外国市场,并随后展开了在国际市场上的并购。21世纪之初,喜力(Heineken)、英特布鲁、南非啤酒(SAB)、嘉士伯(Carlsberg)和苏格兰纽卡斯尔(Scottish & Newcastle)这几家全球公司占据了大多数欧洲市场的主要份额。然而,德国啤酒市场一直处于分散状态,利润率相对较低,全球参与者很难占据有利的市场地位(见表1和图1)。但是,行业集中随着外国收购的步伐而加快,例如英特布鲁收购了贝克,嘉士伯收购了德国好顺(Holsten)。这个过程一旦开始,就似乎不可阻挡。

表1 德国啤酒产业与国际市场的比较

	产量 (1 000 000 百升)	销售额 (百万美元)	每百升 销售额 (美元)	税前利润 (百万美元)	每百升 税前利润 (美元)	税前利润率 (税前利润/销售额)
美国	241	25 347	105	3 194	13.3	12.6%
英国	59	9 757	165	937	15.9	9.6%
巴西	81	2 583	32	594	7.3	23.0%
德国	98	9 218	94	593	6.1	6.4%
加拿大	21	3 808	181	586	27.9	15.4%

（续表）

	产量（1 000 000 百升）	销售额（百万美元）	每百升销售额（美元）	税前利润（百万美元）	每百升税前利润（美元）	税前利润率（税前利润/销售额）
日本	66	8 750	133	542	8.2	6.2%
墨西哥	52	3 998	77	524	10.1	13.1%
澳大利亚	17	3 144	185	503	29.6	16.0%
西班牙	32	3 796	119	444	13.9	11.7%
俄罗斯	75	2 980	40	432	5.8	14.5%
前十总量	742	73 381	—	8 350	—	—
世界总量	1 444	107 158	—	12 124	—	—

资料来源：Oliver J. Ebneth, "Internationalisierung und Unternehmenserfolg Börsennotierter Braukonzerne," doctoral dissertation, 2006, University of Göttingen, Department of Agricultural Economics。

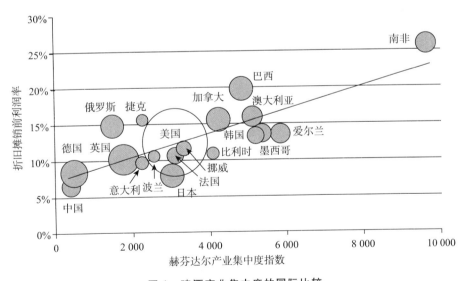

图1 啤酒产业集中度的国际比较

资料来源：同表1。

酿酒业的全球参与者通过两种策略克服了在一个对本土品牌很忠诚的市场中的外来者劣势。第一，收购生产当地知名品牌的啤酒厂，从而建立消费者认可的品牌组合。第二，采取全球运营和营销策略，以提高产品质量，降低生产成本并利用规模经济。因此，收购通常在新品牌管理下保持主要的本地品牌生产，而运营变革通常旨在简化组织层级结构，并创建更大、更现代且更具规模效益的生产设施，以取代遍布全国的小型啤酒厂。

中欧和东欧成为具有全球野心的酿酒商的战场。20世纪90年代初的经济转型初期，当地啤酒商逐渐私有化，一些啤酒厂家曾经数次转换所有权。于是，在临近21世纪的十年内有四个国际啤酒商分别主导了四个转型中的经济体：南非啤酒（后来的南非米勒）、荷兰喜力、丹麦嘉士伯和比利时英特布鲁（后来的英博）。例如，波兰的酿造业经历了快速的市场集中化：1996年，喜力和南非啤酒分别占据市场份额的10.4%和11.1%，确立了自己的市场领导者地位。由于进行了积极的收购和整合，到2000年，它们的市场份额分别提高到了31.4%和29.5%，并以牺牲传统的小型啤酒厂为代价，继续获得市场份额。到2005年，二者分别控制了三分之一的市场，第三名是嘉士伯，市场份额约为15%。然而，消费者几乎没有意识到跨国公司的垄断：最畅销的品牌是Tyskie啤酒（由南非啤酒拥有，市场份额为19%）和Zywiec啤酒（由喜力拥有，市场份额为13%）。[1]

相比之下，德国市场则高度分散，因为消费者保留了对本地公司品牌的依赖感，例如科隆巴赫（Krombacher）、费尔廷斯（Veltins）和沃斯汀那（Warsteiner）。尽管德国人对啤酒的渴求从1999年的人均130升下降到2005年的人均115升，但人均啤酒饮用量仍比世界上其他国家的人都多（除了捷克人）。德国仍然是世界上最大的啤酒市场之一（1997—2003年德国啤酒消费量与国际市场比较见图2），因此吸引了嘉士伯和英特布鲁等跨国公司，这些跨国公司旨在收购本地品牌，然后植入它们的全球最佳实践经验，就像它们在波兰等国家所做的那样（见图3）。

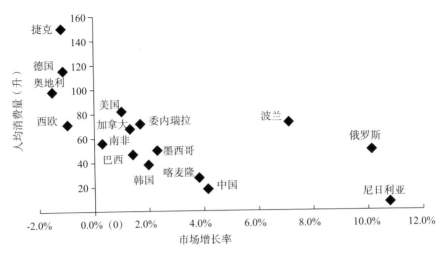

图 2　德国啤酒消费量与国际市场比较（1997—2003）

资料来源：同表1。

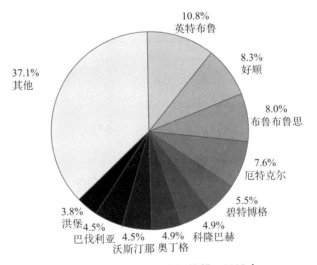

图 3　德国啤酒产业市场份额，2003 年

资料来源：作者根据相关资料整理。

尽管市场集中度提高了，但是与其他国家及地区相比，德国酿造业的利润率仍然很低。[2] 同时，微型啤酒厂越来越普遍，它们为小型社区提供适应当地口味的啤酒，或者为一些特色餐厅提供现酿鲜啤服务（见表2）。德国东部和德国西部之间的定价结构不同，西部高价啤酒的市场份额明显高于东部（见图4）。宾馆和餐馆的分销渠道占了销售的很大份额，尤其在德国东部（见图5），这对小型和本地啤酒厂至关重要。啤酒制造商面临两个主要风险：需求下降和产能过剩。

表2　德国不同规模啤酒商数量

	公司数量（家）		变化（%）
	1995	2004	
微型啤酒厂（年产量少于5 000百升）	643	796	+23.8
小型啤酒厂（年产量5 000至50 000百升）	393	280	-28.8
中型啤酒厂（年产量50 000至200 000百升）	136	116	-14.7
大型啤酒厂（年产量200 000至1 000 000百升）	71	53	-25.4
啤酒集团（年产量多于1 000 000百升）	29	29	无
总量	1 272	1 274	0.2

资料来源：Matthias Heyder and Ludwig Theuvsen, "Strategic Management in the German Brewing Industry: Are There Still Differences between East and West?" *Journal of East European Management Studies*, 16 (1), 2008, pp. 10-39。

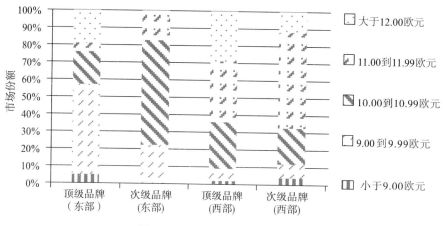

图4　2004年德国啤酒定价结构

注：每板条箱啤酒的价格（24×0.33升装），依据2005年对啤酒厂的一份调查。

资料来源：同表2。

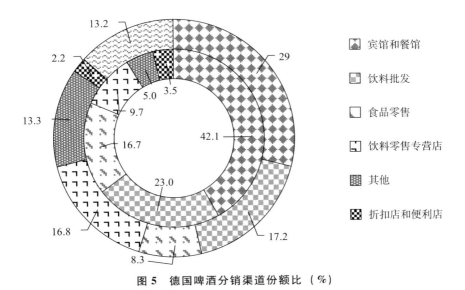

图 5　德国啤酒分销渠道份额比（%）

注：外圈：德国西部；内圈：德国东部。

资料来源：同表 2。

沃特斯啤酒的历史

沃特斯啤酒是不伦瑞克市酿造传统的焦点，其历史可追溯至 1627 年。自中世纪以来，不伦瑞克一直是德国中北部的主要制造业和贸易中心。19 世纪的工业化期间，它已成为机械制造、制罐、相机和其他技术产品制造的枢纽。不伦瑞克当地的大学已成为德国重要的科学技术类院校之一。然而，在第二次世界大战之后，因其靠近德国东部和西部之间难以穿越的边界，当地经济遭受重创：不伦瑞克东边的城市，包括那些城市中原有的以及潜在的商业伙伴的联系都被切断。但是，位于沃尔夫斯堡的大众汽车迅速发展起来，使大众汽车的供应商和分支机构入驻该地区。1989 年柏林墙被推倒后，不伦瑞克因其位于德国中北部的有利条件，当地经济获得了新发展机会。

跨国并购后的整合：有效规划的案例

19世纪70年代，沃特斯啤酒扩大了规模，新的办公室和酿酒设备处于当时的市郊（到21世纪仍然是公司的大本营）。1882年，它被授予"皇家啤酒馆""公爵的饮食供应商"的荣誉称号，即使在1918年公爵倒台之后，该荣誉称号仍然保留了下来。1947年，沃特斯啤酒转型成一家上市公司，并发展成不伦瑞克及其附近地区的区域市场领导者，该地区周围半径约50千米，人口大约150万。啤酒厂通过举办盛大活动和体育赞助，在城市的社会生活中发挥了重要作用。沃特斯是该地区大多数餐馆、酒吧以及当地几乎所有足球俱乐部的首选品牌。在德国，这样的俱乐部在社会生活中起着比在其他国家更重要的作用。每个周末都有数百万人在当地的联赛中踢足球，虽然这些都不是职业联赛。

1986年，杰尔德收购了沃特斯大量股份，取得了对其的控制权。但是，无论是作为公司还是作为品牌，沃特斯都保留了其独有的特征。1990年，杰尔德将德国的统一视为增长的主要机会，收购了韦尔尼格罗德市（Wernigerode）的哈斯瑟罗德，杰尔德在那里建造了一个全新的、颇具现代技术水平的啤酒工厂，并投入巨资将哈斯瑟罗德发展成为先闻名于德国东部，继而闻名全国的一个品牌。尽管其管理团队一直领导着公司的转型，但在公开场合，作为所有者的杰尔德一直很低调。因此，哈斯瑟罗德成为公司为数不多的成功案例之一，进一步提升了其品牌形象。

从20世纪90年代末开始，杰尔德一直推行一项战略，就是将哈斯瑟罗德定位为民族品牌，并将杰尔德和沃特斯定位为在更狭窄的地域范围内的本土品牌，从而缩小了沃特斯品牌的分布区域。沃特斯品牌的产量从2001年约40万百升降至2005年的14万百升。但是，杰尔德对地区的亲缘关系尤其是对不伦瑞克和汉诺威两个城市之间的历史竞争很敏感。因此，它保留了沃特斯和杰尔德品牌的本地特色。不伦瑞克的啤酒厂当时正在为集团酿造其他品牌的啤酒，但产能不足。

哈斯瑟罗德品牌的成功让杰尔德成为在德国寻求市场地位的跨国啤酒制造商的一个有吸引力的目标。喜力、南非啤酒和英特布鲁都在求购杰尔德，最终由英特布鲁于 2003 年收购了该公司。英特布鲁计划将哈斯瑟罗德和之前收购的品牌整合到其德国品牌组合中，并通过实施英特布鲁的最佳运营实践，进一步提高哈斯瑟罗德的财务业绩。[3]

英特布鲁/英博在德国

英特布鲁成立于 1987 年，由比利时当时最大的两家啤酒厂合并而成。这家新公司在 2000 年之前一直是私人持股，直到首次公开募股筹集了资金，使其得以实施更为激进的国际增长战略。英特布鲁通过一系列收购进入德国市场：先在 2000 年收购了迪贝尔斯，随后收购了贝克、杰尔德和斯贝特。

2004 年，英特布鲁与安贝夫合并，成立了英博，这是当时世界上最大的啤酒厂，其 2005 年全球啤酒产量达到了 2.356 亿百升。根据其 2005 年年报（见表 3 和表 4），合并后该公司占有全球市场份额的 14%，随后是南非米勒（12.2%）、安海斯-布希（Anhaeuser Busch）（11%）、喜力（8.1%）和嘉士伯（4.4%）。与其主要竞争对手喜力一样，英博已经几乎实现了全球化（见图 6 和图 7）。合并后，英博专注其在欧洲业务的技术共享，以优化工厂绩效，并建立和开发国内及国际品牌组合，其既定目标是到 2007 年使息税折旧及摊销前利润率达到 30%。

表3 英特布鲁/英博公司财务数据（2001—2005）

单位：百万欧元

	2001	2002	2003	2004	2005
收入	7 303	6 992	7 044	8 568	11 656
息税折旧及摊销前利润	1 533	1 394	1 498	2 329	3 132
折旧摊销前利润率（%）	21.0	19.9	21.3	24.7	26.9
营业利润	884	728	839	1 314	2 198
每股收益	1.44	1.51	1.45	1.95	1.51
每股分红	0.29	0.33	0.36	0.39	0.48
年终股价	30.8	22.5	21.2	28.5	36.8
资本回报率（%）	10.6	10.2	10.6	15.0	10.3
负债权益比率	0.55	0.55	0.52	0.39	0.42

资料来源：Interbrew, 2006, Annual Report 2005。

表4 2005年英博欧洲市场数据

	销量（百万百升）	市场地位	市场占有率（%）	饮品工厂数量（家）	国际品牌*	本土品牌（例子）
欧洲西部	**39.2**					
比利时	6.3	第1	57.2	4	B H L S	豪格登
法国	2.4	第3	9.0	无	B H L S	贝卡思
卢森堡	0.2	第1	45.1	1	B H L S	德克尔
荷兰	2.4	第2	13.8	2	B H L S	奥林吉布姆
英国	12.3	第2	18.8	3	B H L S	巴斯
德国**	10.3	第2	10.1	8	B L S	哈斯瑟罗德
意大利	1.4	第4	8.0	无	B L S	特南斯
从以上国家对外出口	3.9	—	—	—	B L S	—

（续表）

	销量（百万百升）	市场地位	市场占有率（%）	饮品工厂数量（家）	国际品牌*	本土品牌（例子）
欧洲东部	**37.3**					
保加利亚	1.4	第1	31.4	2	B L S	科曼提那
克罗地亚	1.5	第1	42.1	1	B L S	依奇
捷克	2.3	第2	14.4	3	B L S	老泉
匈牙利	2.2	第1	29.2	1	B L S	鲍尔森
塞尔维亚和黑山	3.0	第1	45.0	2	B L S	尼克
罗马尼亚	2.6	第3	16.6	3	B H L S	诺瑞克
俄罗斯	15.4	第2	17.6	9	B H L S	蒂芬
乌克兰**	7.7	第1	35.8	3	B L S	澈尼夫斯基
从以上国家对外出口	1.2	—	—	—	B L S	—

资料来源：同表3。

注：*B=贝克，H=百瑞马，L=莱福啤酒，S=时代啤酒；**除此之外，英博公司在德国和乌克兰也销售无酒精饮料。

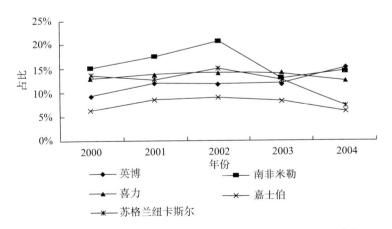

图6 英博与欧洲前四大啤酒厂的业绩比较（2000—2004年）

资料来源：同表1。

在德国，英博是仅次于厄特克尔集团（Oetker Group）的第二大啤酒生产商。厄特克尔集团是一家德国食品公司，旗下拥有瑞德伯格（Radeberger）、积发（Jever）等品牌。英博凭借贝克、时代（Stella Artois）和莱福（Leffe）这三个全球品牌，以及迪尔贝斯、哈斯瑟罗德、教士、杰尔德和沃特斯等本土品牌，取得了10.1%的市场份额。

英博的市场策略是优先销售领先品牌，尤其是贝克和它的衍生品牌，如贝克黄金和贝克柠檬。尽管德国啤酒市场逐渐疲软，但贝克在整个欧洲被提升为德国传统高档品牌，其销量在2005年实际增长了18%。教士是德国领先的小麦啤酒品牌，其2005年的销售量为110万百升，而哈斯瑟罗德是德国东部的领先品牌。相比之下，不伦瑞克地区的啤酒销售量约40万百升，其中沃特斯品牌占了14万百升。

酿酒业发展到了更加注重质量控制和成本的阶段，这使得规模经济更加重要，而小型酿造设施无法与更新、更大的运营所产生的效率增益相匹配。因此，英博在2005年引入了旨在提高效率的重大措施，包括零基预算、合理化采购以及建立精益组织。在德国，这些措施包括改革组织结构和整合被收购公司的管理团队。其目的就是精简决策程序，使流程和营销程序标准化，并削减成本。被收购公司（如杰尔德）的一些中高层管理人员被解雇。

麻烦不断的沃特斯啤酒

这种专注于少数几个民族品牌的策略，让杰尔德和沃特斯的品牌没有立足之地。早在2005年英博收购林德公司时，许多人已经预料到沃特斯和杰尔德这两个品牌终有一天会被淘汰。[4]

然而，由于德国啤酒市场的分散特征，英博在德国举步维艰，在其他地区成功实施的战略在德国似乎并不奏效。2005年，由于英博在德国的财务表现低于预期，所以公司高层决定通过推进重组来解决财务问题。第一步是在2006年6月关闭沃特斯啤酒厂。沃特斯品牌将延续一段时间，但会在汉诺威的杰尔德工厂进行酿造，从而提高该工厂的产能利用率。[5]该啤酒厂位于不伦瑞克的中心地区，靠近主要的火车站，其中包括三座被列入法定保护名单的建筑物和一些新建设施。英博计划将该物业重新开发为主要住宅区，预计其收益将超过账面价值240万欧元。然而，这项计划需要对基础设施进行投资，清理土壤并获得当地市政府的正式批准。

由于德国法律规定公司需提前告知员工裁员决定，英博决定利用所有人都出席圣诞联欢的机会来宣布关闭沃特斯公司的决定。不伦瑞克地区的所有员工都知道他们将在六个月内失业。

当地媒体立即做出了充满敌意的反应。当地著名企业的关闭以及引发的大量失业引发了当地民众的强烈情绪反应，包括当地报纸的报道和当地政客的干预。沃特斯品牌将继续在汉诺威的杰尔德工厂进行酿造这一事实，加剧了这两个城市历史竞争带来的伤害感。当地协会和体育俱乐部为它们的赞助商感到担忧。[6]

当地政客，包括备受欢迎的直选市长，都承诺尽其所能挽救不伦瑞克这家历史标杆企业。然而，由于欧盟禁止补贴以及该市自身财政紧张，财政支持变得不可能，地方政府的权力受到了限制。

当地专家认为，按照杰尔德收购前制定的路线发展本土品牌战略仍有空间，这表明外来啤酒品牌的电视广告摧毁了当地和地区性品牌，以及这些品牌所建立起来的和当地消费者的紧密联系。[7]然而，由于已制定并宣布了重要的战略决策，圣诞节期间每个人都在考虑下一步行动。当地报纸讨论的想法包括：由另一家更注重本土品牌的德国啤酒厂收购，以及由英博现任或前任中层经理实施管理层收购。与此同时，英博的领导层需要实施必要的重组，以将自身声誉的损害降至最低。

注释

1. Klaus E. Meyer and Yen Thi Thu Tran, "Market Penetration and Acquisition Strategies for Emerging Economies," *Long Range Planning*, vol. 39, no. 2 (2006): 177–197.

2. "Small Beer: Foreign Brewers Are Finally Entering Europe's Largest Beer Market," *Economist*, July 26, 2001.

3. "Will the Majority Vote forGilde Sale?", *Braunschweiger Zeitung*, November 15, 2002.

4. JochenZeininger, "Wolters vor Ungewisser Zukunft," *Braunschweiger Zeitung*, November 5, 2002;

5. Klaus Sievers, "Wolters Is Not Economical", *Braunschweiger Zeitung*, December 3, 2005.

6. JacquelineCarewicz, "Wolters: Clubs Worry About Money", *Braunschweiger Zeitung*, December 6, 2005.

7. Ernst-JohannZauner, "Braunschweiger Investor for Wolters", *Braunschweiger Zeitung*, January 17, 2006; Carolla Böse-Fischer, "Beer Needs a Home", Hannoversche Allgemeine, January 15, 2010.